i 世代的成績陷阱

高分＝美好未來？
幫孩子找到責任感、同理心、好奇心、品格力，
才是比分數更重要的事

丹妮絲・波普（Denise Clark Pope） 著
蘇祥慧、蔣慶慧 譯

高寶書版集團

致

凱文、依芙、泰瑞莎、蜜雪兒、羅伯特

以及巴迪·派希金（Buddy Peshkin）

在我的記憶中永遠占有特別的位置

前言

我們輕視青少年的經歷，是源於對他們一無所知。

——潘妮洛普・埃克特（Penelope Eckert）
《運動健將與過勞者》（*Jocks and Burnouts*）

十年級時，我愛上了華特・惠特曼（Walt Whitman）。回家後，我宣告對此人及其作品的崇拜，並補充說明，我幾乎確定已經找到了畢生的使命。我從沒遇過一個人，他的言語如此振奮人心，他的詩歌激勵我嘗試創作。我記得在高中校園草坪上將《草葉集》（Leaves of Grass）一讀再讀，試圖破解言語中的密碼，發現字詞背後的含義，以及因為領悟了某個困難術語或片語而興奮不已，也記得我對這位天才心存敬畏，因為他能喚醒我內心的激情。

我對八〇年代初期的高中記憶是充滿熱情與投入。我在英語課經歷過最強烈的感受，對莎士比亞（William Shakespeare）、福克納（William Faulkner）、愛默生（Ralph Waldo Emerson）和狄更斯（Emily Dickinson）的藝術才能感到驚嘆，也在自然科學及歷史課上因為某些主題而獲得樂趣。我和朋友花了很多時間思考關於存在主義的問題，例如自由意志極限和生命起源。我記得大家多麼認真參與討論。雖然我們因為專注於這些想法而自稱「怪胎」（也是學校裡其他學生給的標籤），但顯然，這些高中經歷扮演了重要的角色，幫助我們建立思想、情感和人格。我們學會熱愛學習，並得到隨之而來的愉悅感。

多年後，身為高中英語老師，我時常深思這些經歷，試圖培養所教的學生擁有和自己相同的興奮感受。我想激發他們對文學的熱愛，讓他們用熱情和活力去寫作與表達意見，把閱讀和寫作當成理解人性與探索世界的方式。在每天看見他們那短暫的五十分鐘裡，我忍不住想知道，他們是否感受到了一丁點我高中時的樣子。有些人似乎準備得很充分，渴望學習；有些人心不甘情不願地來上課；有些人根本拒絕參與，無視我並忽略每天的作業。雖然我相信自己擁有他們學習或缺乏學習的具體證據（以文章、測驗、作業和課堂參與的形式呈現），但仍然無法得知他們的投入程度。我推論，除非和他們交談，否則無法確定。當他們每天坐在我的教室裡，我想知道他們腦子裡在想什麼。他們是如何看待自己在學校的經歷？師長在教育上的努力，哪些對他們具有意義和價值？一週五天、每天七小時被局限在公立高中的圍牆內，他們認為被迫上學的深層結論是什麼？

在檢閱青少年和中學的相關資料時，我注意到該領域的研究存在著特殊差距。我發現關於青少年在校行為的研究十分廣泛，範圍涉及學習成就、學習習慣、課堂紀律、同儕文化與青年輟學率。[1]不過，並沒有發現許多從青少年角度出發、針對校園教育體驗的研究。少數根據青少年觀點的研究，主要調查學校教育的社交面向，例如在走廊和停車場的社交生活，而非學生的課堂經驗，以及他們如何動腦投入學校的核心使命。[2]我們要求年輕人上高中，卻對他們心目中的學校所知甚少，這似乎很諷刺。

我們不太去聆聽學生的課程經歷，可能是因為我們沒有具體要求他們反思這些經歷。[3]想要在學校營造社群意識（sense of community），創造有利於學生成長的條件，傾聽年輕人的觀點極為重要。杜威（John Dewey, 1938, p.39）敦促教育工作者「以同情心去理解每個獨立個體，了解那些學習者的真實想法。」他鼓勵要花時間了解學生，尋求他們的意見和興趣，傾聽他們的故事以增進能引起好奇心與加強進取心的教育體驗。但是當一位普通的中學教師可能教授超過一百六十名學生時，要完全理解每一個學生不是件容易的事。我關注幾名青少年八個多月，試圖在這項研究中認識每個個體，傳達他們的經驗和觀點，達成杜威提倡的那種同理心。

關於這項研究，我選擇在一所以關心教師、創新專案及優秀領導著稱的高中進行。這是一所綜合中學，人口多樣化，約有百分之九十五的畢業生會上大學。[4]我要求一批十年級和十一年級（**注：相當於臺灣的高一和高二**）的學生，性別、族裔、社會經濟背景和學術興趣各不相同，而且是行政人員認為「會成功」的學生。我允許校方定義學生成功的性質，然後根據教師、輔導老師和行政人員的多項建議，挑選了五名學生。

在一學年的過程中，我和每位學生形影不離，密切觀察他們在教室裡的行為，陪同他們參加所有跟學校相關的活動，上學時與他們進行長時間交談，每週訪談以協助他們反思自己的經歷。我還利用學生期刊、論文和課堂筆記，適當地辨別學生對課程的看法。[5]為了獲得他們的信任感與融洽關係，我只針對青少年收集資料，並未採訪教師、家長或行政人員。因此，這裡捕捉到的經驗基於學生自己的言行。在每一個事例中，青少年都扮演關鍵角色，塑造相似形象的性質和形式。

---

1 請參見例如：朵恩布希（Dornbusch, 1989）；費爾德曼和艾略特（Feldman and Elliot, 1990）；西蒙斯和布萊絲（Simmons and Blythe, 1987）；勒康普特和朵爾金（LeCompte and Dworkin, 1991）；以及菲蘭、余，和戴維森（Phelan, Yu, and Davidson, 1994），這些研究全都在青少年行為研究方面的相關主題提出了很好的評論。

2 請參見一些經典的學校民族誌，像是《*The Adolescent Society*》（寇爾曼〔Coleman, 1961〕）、《*Culture Against Man*》（亨利〔Henry, 1963〕）、《*Inside High School*》（庫斯克〔Cusick, 1973〕）、《*Elmtown's Youth and Elmtown Revisited*》（霍林斯黑德〔Hollingshead, 1975〕），以及《*Learning to Labor*》（威利斯〔Willis, 1977〕）。以上這些和其他一些近期作品，似乎都集中在各種不同的廣泛經驗，從學生們如何在學校建立和維持同儕團體（埃克特〔Eckert, 1989〕、瓦瑞納〔Varenne, 1983〕）、如何致力追求「個性和自我」、在學校「成為有頭有臉的人物」（衛克斯勒〔Wexler, 1992〕）、如何經歷並抗拒透過學校傳播的社會生產過程（威利斯〔Willis, 1977〕、麥克里歐德〔MacLeod, 1987〕）、輟學行為的原因和後果（范恩〔Fine, 1991〕、法洛爾

〔Farrell, 1990〕），到高中對社群價值觀的專注（張〔Chang, 1992〕）。這些作者之所以決定撰寫關於校內的非課程經驗，可能是因為他們對同儕團體或社會認同較感興趣，或是在仔細觀察學校中青少年的生活之後，發現學生本身最關心的還是那些非課程方面的經驗。

3 自1980年代中期以來在文獻方面的搜索證實了透過青少年觀點來探索課程方面經驗之研究的缺乏。艾瑞克森和舒茲（Erickson & Shultz, 1992）在《課程研究指南》（*The Handbook of Research on Curriculum*）中寫道：「結論是，幾乎不曾有任何研究是以學生經驗為主的。我們無從得知學生們的興趣，以及他們已知和未知的恐懼。我們也無從得知學生和老師之間的相互影響，或是在相互影響的過程中，學生或老師在想什麼或在乎什麼……很少有人去探索學生本身的觀點。」（p.467）

「……在當前教育論文方面對於學生經驗的缺乏似乎來自於體系性壓抑學生發聲的後果。學生經驗之所以沒有被聽見和看見，似乎是來自意識形態的原因。對於教育實踐方面的常識觀點，也就是在校內與學校方面最應該關注的重要事項，確實沒有為那些教育服務第一線消費者的觀點留下多少空間可以發揮。」（p.481）

有幾個例外，舉例來說，包括賽瑟（Sizer, 1984）；羅斯和戴米可（Roth and Damico, 1994）；菲蘭、戴維森和曹（Phelan, Davidson, and Cao, 1992）；菲蘭、戴維森和余（Phelan, Davidson, and Yu, 1998）；齊克森米哈里和拉森（Csikszentmihalyi and Larson, 1984）；瓦倫瑞拉（Valenzuela, 1999）；以及戴維森（Davidson, 1996）。但是這些研究都並未特別請學生深入思考他們在課程方面的長期經驗。

4 根據年度社區成績單，百分之五十四的學生表示他們是白種人，百分之二十三是西班牙裔，百分之十四是亞裔，百分之六是非裔美國人，百分之四是菲律賓裔。（由於四捨五入的關係，數字總和加起來並不等於一百。）至於學生們的社會經濟地位，並沒有公開的統計數據，雖然一位學校人員相信家長的薪資所得介於「年薪一萬五到上百萬之間」，而一位地區發言人也表示，在費爾克斯特的學生中，大約有百分之十符合免費營養午餐的資格。

5 我向那些青少年保證，本研究主要會著重於他們在學校的課程經驗上，而我不會詢問他們生活中的其他層面，像是戀愛、嗜好以及和學校無關的活動（包括可能的非法行為），或是和同儕、家人，以及同事之間的特殊問題，如果那些和學生們在學習的科目沒有特別相關。但這並不表示那些事對他們的學生生活是不重要或不相關的。實際上，當前有許多針對青少年發展的研究都聲稱家庭、同儕團體，以及社區影響對學生學業成就的重要性，例如紐曼（Newmann, 1998）；菲蘭、戴維森和余（Phelan, Davidson, and Yu, 1998）；費爾德曼和艾略特（Feldman

and Elliot, 1990）。檢視學生在家庭、同儕，以及社區的眾多面向，將能促成更廣泛地關注，讓我們有更多時間蒐集數據資料，並以截然不同的手法來促進本研究中的學生進行思考。

致謝

在研究和撰寫本書過程中，我獲得了許多寶貴的支持，尤其感謝史丹佛大學教授艾略特．艾斯納（Elliot Eisner）、巴迪．派希金（Buddy Peshkin）和雷．麥克德莫（Ray McDermott）提供睿智的建議與指導。艾略特鼓勵我追蹤教育經驗的主題，幫助我批判性地思考高中課程及其對學生的影響。他在整個過程中向我提出挑戰，讓我得以檢視更廣泛的研究結果，並為廣大讀者書寫。我感謝他在這個專案上的所有協助，也感謝他擔任顧問和導師。

巴迪也是一位珍貴的顧問與朋友。透過頻繁的電話聯絡及面談，他親切地與我分享質性方法論的知識，並指導我資料收集、分析和寫作的流程。直到巴迪二〇〇〇年十二月去世前，我很幸運能親近與了解他，並與他密切合作本書和其他專案。我感激他的智慧和理解，也知道自己因為他而變成了更好的研究人員。

我感謝雷，他對相關文獻的廣博知識有助於這項研究的發展。他提醒我教育背景以及研究人員對於獲取學生經歷方面的限度很重要。此外，麥克．阿金（Mike Atkin）還親切地擔任初期草稿的「外部讀者」，並提供了有益的建議和鼓勵。

我也感謝山姆．伊特拉托（Sam Intrator）、莉莎．舒普（Lissa Soep）、蘇珊．維爾達奇

（Susan Verducci）、莉茲・拉札爾夫（Liz Lazaroff）和妮可・霍爾蒂厄斯（Nicole Holthius）提供具有建設性的批評與實際的建議。他們除了是給予支持的友人和同事外，也是我的榜樣，讓我相信在從工作和家庭生活取得平衡的同時，進行這種性質的研究是可行的。內爾・諾丁斯（Nel Noddings）、馬克・巴騰伯格（Mark Batenburg）、唐・希爾（Don Hill）、麥可・紐曼（Michael Newman）以及我的編輯蘇珊・阿雷拉諾（Susan Arellano）和瑪格麗特・奧茲爾（Margaret Otzel）都閱讀了完整的草稿，並提出寶貴的評論。我特別感謝寫作小組成員西蒙娜・施韋伯（Simone Schweber）和凱西・西蒙（Kathy Simon），他們仔細閱讀了初期章節、編輯草稿，並提供敏銳的見解和分析。他們的友誼、智慧、慷慨和熱情，是協助我完成這個專案不可或缺的。

我還要感謝家人源源不絕的支持與鼓勵。我父母以各種方式提供援助，擔任啦啦隊、評論家和「緊急」保姆。他們培育出熱愛學習，以及渴望研究教育領域的我。我還要感謝我的女兒梅根和艾莉森，她們都是在這段研究過程中出生的，感謝她們在「媽媽去上班」時的耐心與理解。我永遠感謝我先生麥克的愛與支持，他日復一日耐心傾聽我的問題和關切的事，閱讀不同版本的所有章節並提供寶貴協助。

最後，如果沒有五位特別的高中生，讓我參與他們的生活、告訴我他們在學校經歷的故事，我不可能完成這項工作。即使很忙碌，他們每天早上都會歡迎我，而當我形影不離跟隨他們上課時，他們更讓研究過程變成有趣的體驗。我把這本書獻給他們，希望他們的寫照能激勵其他學生與教育工作者做出重大改變，以提升中等教育的品質。

目錄
CONTENTS

目錄
CONTENTS

第1章 歡迎來到費爾克列斯特高中

費爾克列斯特高中的價值觀：守時、做好準備、寬容、誠實、尊重、負責。

——張貼於費爾克列斯特高中教室標牌

歷史科負責人描述他的「理想」學生：「我希望能有一個班，全班都是像依芙（Eve Lin）那樣的學生。[1]」依芙的GPA（Grade Point Average，成績平均積點）是3.97分，班排名前百分之十，榮譽榜上都有她的名字，她也參加所有可以申請的大學先修課程。她的履歷列出自高一開始參與、超過二十五項的學校活動，包括陸上曲棍球、交響樂團、學生會、西班牙俱樂部和美國青年政治家組織（Junior Statesmen of America）。

另一位老師推薦凱文（Kevin Romoni），因為他是學校的風雲人物，個性友善、成績好，也是校內足球隊的明星球員。在過去兩年裡，他主導一個由學生辦的社區服務專案，提供學用品和衣物給鄰近城鎮的弱勢兒童。他修了大學預科課程與榮譽課程，並在英語、歷史和法語三個學科領域，都參加他那個年級最高階的課程。這位體育老師說：「他是個很聰明的好孩子，如果我有兒子，我希望能像他一樣。」

另外幾個學生也被提到了很多次。蜜雪兒（Michelle Spence），傑出的戲劇和音樂生，被推薦的理由是她的戲劇表演、頂尖成績，以及她是「社群專案」（The Community Project）這個特殊計畫的一員。泰瑞莎（Teresa Gomez）是新商業主題之家的優秀學員，有傑出的商業運算能力。她希望「挑戰」自己，並致力於墨西哥學生會事務，這給老師們留下深刻的印象。最後還有羅伯特（Roberto Morales），他希望成為直系親屬中第一個上大學的人。老師因為他的勤奮、努力實現目標，以及在研討會課程中贏得「卓越協調人獎」的成就而推薦他。

「這些學生代表了我們最優秀和最耀眼的孩子，」一位指導顧問自豪地指出，「他們是好孩子，努力做事，表現出色。其實，我還可以點名許多像他們一樣的孩子，但你只需要五個人。」這就是我對費爾克列斯特高中的介紹。

費爾克列斯特高中名聲卓著，所以我選擇在這所學校研究學生。該校位於加州的富裕郊區，是該州輟學率最低的學校之一。該校採小班制，有「聘用最佳教師以提供最高教學品質的傳統」[2]。而在校方年度報告中列出的大學錄取率、SAT（scholastic aptitude test，學術水準測驗）結果，以及被推薦為全國優秀學生的人數，所有排名都遠高於全國平均水準。另外，有超過三分之一的學生參加榮譽課程和大學先修課程，其中許多人「被史丹佛大學、哈佛大學（及）耶魯大學錄取」。

該校學生獲獎的證據無所不在。老師每天早上會透過擴音器宣布獲獎事宜：「恭喜派克老師的班級和國家數學競賽的三位得獎者（名字被大聲朗讀出來）。總體來說，費爾克列斯特排名第二，今年僅次於艾爾派學校（Alpine School）。下次一起得第一！」學校寄出許多信函到學生家，祝賀每學期成績保持平均4.0分的學生。老師在教室牆面上張貼最佳論文和考試成績，懸掛的橫幅上有過去十年來獲得大學先修課考試滿分的學生姓名。每個月，每學科都會表揚一名優良學生，將他的照片貼在中央公布欄上，並將他們的名字列在年刊上。透過出版品、牆壁和擴音器，費爾克列斯特優秀的學生讓人印象深刻。他們口齒清晰、專注、多才多藝而且勤奮。他們是公共教育體系的驕傲，也是未來的希望。

然而，當傾聽學生的心聲時，你會聽到不同的面向。為了保持成績，依芙每晚只睡兩到三個小時，生活中壓力不斷。凱文在試圖平衡父親的高度期待與在校外「好好生活」的願望時，面臨著焦慮和沮喪。蜜雪兒想辦法在不危及大學前途的情況下，追求對戲劇的熱愛。而泰瑞莎和羅伯特擔憂無法保持未來求職所需的好成績時，都會訴諸激烈行為。他們都承認曾經為了取得成功做出不光彩的事情。

這些學生解釋，他們忙於所謂的「做學業」。他們了解自己陷入某種體制中，在這裡，成績多半取決於「做」，也就是完成正確行動，而非學習和參與課程。學生並未深入思考課程內容，研究專案和作業，而是專注於管理作業量和不斷加強策略以取得高分。即使不知道老師發問問題的答案，他們也要學會舉手，以便表現出感興趣的樣子。他們懂得結盟和訂定課堂協議，以贏得教師和行政人員青睞的重要性。有些人覺得自己被迫去欺騙和爭奪某些成績與決定，以獲得他們認為未來會需要的分數。正如凱文堅稱的：

> 人們不是去學校學習的，而是去獲得好成績，讓他們能上大學，有高薪工作，為他們帶來幸福，他們是這樣認為的。基本上，成績就是最重要的。

校園內普遍信奉的價值觀例如誠實、勤奮和團隊合作，一定會在學生必須在這些理念與獲得高分之間做出抉擇時受到質疑。當按照班級分布曲線和同學競爭A時，就很難成為與團隊合作的人。當大多數的時間，成績取決於你是否機靈和準備得如何、作業太多而時間太少時，就很難保持誠實。作業量如此大，期望如此高，導致學生覺得為了成功有義務放棄娛樂、睡眠和社交生活。依芙解釋：「整整一年，我坐在那裡，盯著歷史課橫幅上的名字，那成了我全部的目標……如果這個目標殺了我，我發誓會讓我的名字留在那上面。」她為成功所做的奉獻，最終為她贏得了歷史先修課橫幅上的一席之地。雖然為了成功而遭受的壓力並沒有「殺死」她，但確實讓她身體不適。和其他人一樣，她學會「不惜一切代價取得進步」，即使那意味著犧牲「個人特質、健康和幸福」，更不用說要與道德原則妥協了。

這些學生為學生時代瘋狂的步調和所承受的不當壓力感到懊惱。他們不喜歡藉由巴結、撒謊和欺騙操縱制度，或使自己的信仰與價值觀因此而讓步；但他們也不喜歡自己所認為的替代方案。他們認為大學畢業生的就業前景和收入較好，尤其是那些從名校獲得證書的人[3]。因此，學生成了我口中「成績陷阱」的受害者。他們被狹隘的成功定義所束縛，順從一個可能無法真正使他們滿足的體制。

對他們的老師、管理者、家長和社區來說，這些學生代表「楷模」，他們積極取得領先，努力贏得高分；他們參加課外活動，為自己的社區服務，獲得無數獎項和榮譽，維護著張貼在費爾克列斯特教室牆上的價值觀。本書探究的是成功背後的行為。每一個如同個人寫照的章節，都提供了內部觀點，有助於了解學生生活的複雜性，以及在學校制度中，所有人不斷面臨的困境。

雖然費爾克列斯特高中和大多數學校都聲稱重視某些人格特質，例如誠實和尊重，但學生在競爭激烈的學術環境中的體驗，卻反映出當今教育體系本身相互矛盾的目標[4]。當你讀到這些學生的故事時（他們的故事可能會引起全國「成功的」高中生的共鳴），問問自己以下問題：哪些行為是被學校社區和校外人士的期望所培養出來的？學生能不能在不犧牲個人和學術的目標與信仰的情況下，滿足這些期望？家長能不能不逼得太緊，或不支持有問題的行為，鼓勵孩子為未來的成功奮鬥？大學入學要求及國家教育政策的限制，刺激了對高分和考試成績的競爭，教師和管理人員為此可以做些什麼？學校是在營造一個提倡好奇心、合作和誠信的環境，還是正在孕育焦慮、欺騙和挫折感？學校是否干擾了其聲稱要信奉的價值觀？我們讓學生準備好迎接未來了嗎？他們準備好進入職場了嗎？他們準備好成為社會上有用的一分子了嗎？這是身為一個國民應該追求的教育嗎？

請聆聽這五位學生的聲音。

---

1 本研究中的所有名字都是化名。在某些情況下，一些顯著的特徵也經過了修改，以便維護在此提及的學生和老師的匿名性。除非特別提及，否則引號內的所有字眼都是直接從與參與者的對話和面談中節錄的。在某些情況下，由於當時情況不適合使用錄音機，例如在下課休息時間吵雜的走廊上，我會憑記憶重新撰寫引言。

2 引述自學校的年度報告：相較於加州全州百分之四點九的輟學率，費爾克斯特高中的輟學率為百分之零點五七。和全州班級平均人數三十六人相比，班級平均人數為二十九人。在某些學區，全校兩千位學生很可能只有一位輔導老師，而該校學生對輔導老師的比例為四百比一。此外，「該學區有將近百分之五十的教師擁有碩士或博士學位。」

3 研究證實他們在這方面的假設或許是正確的。請參見例如克里斯多夫．詹克斯（Christopher Jencks, 1991）針對大學畢業男性與高中畢業男性就業率的比較。亦請參見例如史奈德和史蒂文森（Schneider and Stevenson, 1999）和拉貝瑞（Labaree, 1997a）探討由於有越來越多學生追求更高的學歷，導致預期中對大學畢業生的「未充分使用」

和學歷膨脹的後果。擁有來自名校的文憑，可能比一所被認為入學標準較低，或提供較少學術資源給學生的大學更容易取得較高薪的工作和就業保障。

4 這些年來，本國的教育目標逐漸在改變。在十九世紀早期，學校普遍推廣的都是既定的目標，例如基本讀寫能力、民主公民意識，以及符合當時主流文化價值觀的道德發展。在十九世紀晚期，為高中畢業生做好就業準備的目標逐漸突出。除了這些廣泛的學校使命之外，美國人對於學校應該要達到何種期望的看法也有相當大的差異性。舉例來說，學校的成功對某些社區而言指的是減少貧窮、結束種族隔離、提倡多元文化和包容；其他人對成功的定義則是養成良好的健康習慣、教導批判性思考技巧，或是灌輸某些特質，像是誠實和慷慨。這些目標和期望根據學校和社區而有所不同，並且會隨著時間而改變，經常導致相互牴觸的政策和實踐。（賴瑞・庫班〔Larry Cuban〕私人交流）。

學校改革者曾試圖使用各種不同的策略以求達到符合當下的教育目標。舉例來說，泰亞克和庫班（Tyack and Cuban, 1995）將一九五〇年代的學校政策週期以及趨勢的特徵，描述為著重於在學術方面較具挑戰性的課程安排，較強調數學、科學，以及英語能力。在一九六〇年代和一九七〇年代初期，為因應來自社會運動者的新要求，高中課程安排變得更加混雜，道德研究、雙語教育，以及補習方面的新課程一度相當蓬勃發展。在一九七〇年代後期和一九八〇年代的政策週期再度轉移到提倡「回歸自然」的教育模式，刪除那些「裝飾性」的東西，像是藝術和道德研究，以便專注在核心學科上。

第2章 凱文．羅莫尼：那種考3.8分的人

我真的很幸運，我的意思是好運相隨。我沒有放鬆過，竭盡全力地努力，就是不想令人失望……我不知道你會不會說我像好好先生。我做事情只為了取悅別人，因為取悅別人讓我開心。

凱文是位好好先生。他是會為老師收作業或收拾體育器材的學生。他每天早上都用法語對法語老師說「老師好」，並問候她週末過得如何。他是班上的啦啦隊，當同學回答正確，就和對方擊掌慶賀，輕拍靠近的肩膀說：「幹得好！傑洛米。你是個明星。」他提醒英語班同學在口頭報告時大聲鼓掌：「大家，上臺需要勇氣。」他有時也樂意扮演小丑，在歷史課考試前開

玩笑來打破緊張氣氛，或是在法語課上用不純熟的口音說著關於總統「嗶爾・柯零頓和希拉蕊夫人」的趣聞。

以凱文的年齡來看，他偏矮，垂掛臉龐的棕色直髮是時下流行的髮型，有著耀眼的笑容。他是天生的運動員，足球隊二軍最有價值的球員，今年被選入全聯賽。他也被公認為好學生，名字經常出現在學校公布欄「榮譽學生」榜。他聰明、幽默、有禮貌、有魅力。他自己也知道。

他在文章中形容自己是「玻璃杯半滿那種樂觀的人」。他當然有理由這樣覺得。凱文三年級時，全家從大城市搬到了郊區最好的地段，他們住在一棟坐落於美麗的綠蔭街道上、剛改建好的房子。凱文有自己的房間，安裝了大螢幕電視和所有最新的電玩，還有巨型立體音響系統、Mac電腦和印表機，牆上掛著幾幅舞會與摯友的照片。他多次向我指出，搬到這個社區後，他也有一群親近的朋友，他們每天都混在一起，離開學校去吃午餐、打籃球、聽最新的CD。他們也一起修大部分的課。

他的父母都是受過教育的費爾克列斯特專家。他的父親是白人，航空工程師，擁有史丹佛大學、加州大學柏克萊分校以及聖地牙哥分校學位。母親是第一代日裔美國人，上夜校並擔任該區最大諮詢公司執行長的行政助理。凱文有一個姐姐，她從社區大學輟學了幾次，並且和他所描述的一樣，「她真的把生活搞砸了」。他還有一個妹妹，比他小十一個月，上同一所高中，但修的課程比凱文低階，擁有不同的朋友和興趣。

凱文的妹妹並沒有像他那樣得高分，但他形容她具有好學生的特質，因為她「賣力學習、做索引卡、做好學生應該做的所有事情」。另一方面，他把自己描述成另一種學生：

我會說我是好人，但不是好學生……我的意思是，我不是那種只想拿B的人，我會盡一切努力獲得A。可是我不認為自己是好學生，我應該多學習、多讀書和多熬夜，但我都沒有。我勉強應付得了課業，大部分能拿A，但都只是僥倖。我真的很想改變現狀。爸媽說我很快就會嚐到苦頭，會有不好的影響……他們總是這麼說。

儘管承認自己在校表現良好，凱文仍感受到需要改變學習習慣的壓力。他努力滿足父母和老師的期望：成為好學生。他很擔心讓他們失望。

事實上，對凱文來說，取悅他人的強大壓力，主導了他的在校表現。他並未積極參與課程，而是把大部分時間用來獲得可以進入大學的「好成績」，進而讓父母開心。他意識到了自己所承受的壓力，很勉強地跟我說這種壓力「很可能是有好處的」。他相信如果沒有壓力，就不會到達今日的位置。不過，與之相反的情況對凱文來說並不明確，如果沒有這些過度的壓力，他可能會有截然不同的校園生活，不會有嚴重競爭、沮喪和恐懼的經歷。

讓爸爸開心：「好」學生

凱文的父親曾告訴他「壓力能把煤炭變鑽石」，而從我們許多次的談話中，都能明顯看出凱文承受著壓力：

我不能看起來一副在偷懶的樣子。這非常重要，非常。對我爸比較重要，但對我也很重要。我已經在這裡度過整整七段求學生涯（通常是六次），所以我不想看起來像個懶惰鬼。

我姐真的把生活搞砸了。當我們從雷德蘭搬來的時候，她遭遇了所有轉學生會遇到的事情。那時她高二，就是我現在的年紀，要適應新學校確實很困難。她一九八八年畢業，上了社區大學，反覆輟學，最後被退學。不過，她好像每年法語都得到A+，基本上她的法語很流利。

那就是我修法語的原因，因為我媽媽和姐妹們也學法語。為了向爸爸證明我有能力，以及搬家對我們來說是件好事，所以我想在學校表現良好。對我來說，表現良好很重要。……我了解爸媽想讓我當工程師或律師。……爸爸希望我像他一樣上史丹佛。他說上大學會帶我迎向成功。

「別像個懶鬼」、「不要跟你姐一樣」、「上大學並取得成功」、「讓我們感到驕傲」。

凱文解釋，他一次又一次聽到獲得好成績的重要性，主要是外在的、以未來為目標的好處：錄取大學、父母的驕傲、能賺大錢的職業。他很少聽到應該為了自我薰陶與樂在其中而努力取得好表現。無論凱文的父母是否有意傳達這種訊息，他都是如此解讀的。

這也難怪凱文的心思都在成績上。每當考試或測驗過後，他一天會計算好幾次GPA。他還會請教指導老師，哪些課程在申請大學的成績單上會「比較好看」：舉例來說，他可以修法語第四級，可能會拿到B，或者在高三學一種新的語言，很有機會獲得A，因為是入門課程。指導老師說，對他而言最好的選擇是法語得A，如果辦不到，次佳選擇是修拉丁語第一級。凱文選擇了後者。他說拉丁文對SAT的詞彙部分有幫助。他還承認每年上體育課，只因為那是「容易拿A的營養學分」，也慶幸加州大學系統給參加大學先修和榮譽課程的學生額外的分數。當他在罕見的情況下得了C時，依照他的標準，那幾乎等於不及格，他會在夏天重修以獲得新分數。去年，他在法語課這樣做了，如今「可能需要再做一次」。不幸的是，他無法重修英語課，因此當得知這學期可能會得到B+時，他變得十分不安。從他所做的每一項決定來看，很顯然地，成績具有至高的重要性：

我的目標是獲得3.7分或更高……如果得到了，爸爸會給我五十美元，雖然五十美元並不多……我有其他目標嗎？（停頓很長一段時間）我是說，成績是重點！我告訴你，人們不是去學校學習的，而是去獲得好成績，讓他們能上大學，有高薪工作，為他們帶來幸福，他們是這樣認為的。基本上，成績是最重要的，是全美各地每一所高中、每一個學生的焦點。就這樣。

在學業歷程的狹窄世界裡，他的評語似乎很正確。他大部分的朋友都想取得好成績，很多人更肯定地討論著未來的大學計畫。除了關於性、音樂、食物和聚會這些平常的高中生玩笑，他們的對話往往轉向成績及課業壓力。雖然這不是凱文的世界裡「每一所高中、每一個學生」的常態，但獲得高分還是首要目標。

凱文明白重點在哪裡，於是運用各種策略實現目標：他逢迎、妥協、懇求，有時甚至欺騙，努力成為「好學生」。他還會做「最低限度的事以求低空飛過」，而且通常是在最後一刻。

凱文覺得自己是「人類已知最扯的拖延症患者」。他一向到了晚上九點或十點才開始做作業，如果準備得不充分，他經常選擇隔天到學校時「即興發揮」。他也常拖到最後一刻才開始寫報告或做大型專案，這樣的延遲，通常會讓他在截止日前一晚才展開馬拉松式的工作。他自豪地說著那些糟糕的經驗，例如連續兩天熬夜寫英語課的個人研究報告（關於當地警方日常訓練的大型研究專案），或在考試前一晚閱讀歷史課本一百三十頁。他的父母非常介意這些學習習慣，甚至買了如何自我改善拖延習慣的錄音帶。他笑著說討論到拖延症，他「甚至還沒打開那些錄音帶」。

儘管很晚才開始，因為熟知整個系統的運作模式，他仍能獲得高分。例如，他知道數學和法語老師檢查作業時只會匆匆一瞥，所以他經常跳過某些練習。他也知道自己對「即興發揮」

很有天分，尤其在口頭報告或課堂討論方面。在課堂討論中，他適時提出一些問題就可以掩飾自己閱讀落後了四個章節。而在對於當地警方訓練的口頭論文報告中，他知道，如果提出警方對青少年偏頗對待的假設情節，就能讓朋友在他應該報告的時段裡，至少討論上大半的時間。反思這一點，他解釋了自己「做學業」的方法：「我顯然沒有盡最大的努力……但學生都會透過只做最低限度的事應付。沒有人會做超過他們被要求去做的事。」

又一次，凱文概括了所有學生處理壓力的方式。在我看來，他的陳述並不像之前提到成績那樣地正確（例如，請見下一章即將討論的學生）。不過，對凱文來說，重要的是在處理壓力的方式上，他想表現出自己和其他學生一樣，這可能有助於減輕他因為沒有發揮潛力而讓父母失望所產生的罪惡感。如果「沒有人」會做超出要求的事，那麼，凱文肯定也不會因為只做最低限度的事而受到指責[1]。

然而，這種最低限度策略需要凱文加強某些做法，以確保持續得到老師和學校行政人員的青睞。他承認自己對老師「過於友好與有禮貌」，以及跟老師當朋友，都是因為他們會替他的論文評分。目前尚不清楚這種策略是否能為凱文贏得更高分，但他覺得，當評分過程流於主觀意識時，這樣的行為肯定不會造成損失。他的許多老師告訴我，他是「真正的好孩子」。他們會委託他負責特殊任務，例如點名或到各處室傳遞資訊。也因此，凱文的親切友好讓他可以在課堂上做出某些可能不被允許的行為卻免於受罰。他有特權，例如歷史課可以坐在檔案櫃上面，英語課可以躺在地板中央做筆記，或化學課有時可以借用老師的椅子。

同儕嘲笑他使用這種策略，稱他為「全美拍馬屁王」。舉例來說，凱文告訴朋友「他化學課得A是求來的」，朋友則對這位在學校名聲不好的老師願意為他改分數感到驚訝。他的朋友看著我解釋說：「家長和老師都愛凱文，因為他就像艾迪．哈斯凱爾[2]進來幫他們做事並說：『B太太，你看起來真美。』」凱文承認有禮貌能夠帶來好處，但也表明自己是真心喜歡大多數老師和許多行政人員。他「寧願善待他人，而不要當以自我為中心的爛人」。雖然這似乎與他不真誠的和藹可親相互矛盾，但我相信凱文確實喜歡他的老師，寧可以禮貌和尊重待人。這是他啦啦隊心態的一部分。

當然，臨時抱佛腳無法走太遠，有時凱文會被迫採取更激烈的手段達成目標。他偶爾會在考試中「比較答案」，或經常抄朋友的作業。在化學課上，他和另一名學生設計出一種規律的作弊系統，幫助他在棘手的考試中取得好成績。但那名學生在期末考前缺席，凱文被迫獨自行動，結果他自豪地給我看了成績：滿分40，他得36分。他笑了：

是的，我需要那個分數，對我來說真的能提升士氣。（他抽出計算機，飛速算出他累計的化學成績）百分之九十。不差。我還有時間提高一點。（他盯著試卷）我成功了！沒有鮑伯也一樣。還不錯吧？嘿！聽聽這個答案……（他開始向我展示考試快結束時，他針對難題所寫的答案。他看上去很自豪，在上課前十分鐘繼續盯著自己的答案。）

很明顯地，當凱文誠實地拿到好成績時，他更為自己驕傲，但他也無法說出「就算有必要，在學年結束前他也不會再作弊。」他反而搖搖頭，挖苦地說：「現在的青少年……缺乏道德感。」

凱文真誠地解釋，在理想情況下，他希望可以忘記成績，只用自己的方式做作業。他希望按照自己的意願寫論文，而非老師的。他嘆氣說：「我希望我可以說自己是有個性的人，不會為分數而犧牲自我，你知道……就是為寫作而寫。」但他覺得做不到，反而「讓信念妥協」，試圖猜測老師會希望論文如何寫或考試如何作答。他放棄自我寫作風格[3]，努力取悅別人。畢竟，這是在校學習的關鍵：如何吸收知識；按照既定制度行事；學會以老師教導的方式寫作、思考與說話，那是老師、家長和社區成員相信會在未來達到成功的方式。從這個意義上來看，凱文表現得很好。他的大多數策略似乎都能讓他得到想要的結果（取悅老師與父母），校方認為他是成功的。

然而，經過整個學期，我隱約看見凱文截然不同的一面。當策略成效不彰，或當他認為放任自我是安全的時候，就會露出這一面。這就是凱文憤怒的一面，或者用他的話說，是他的「競爭天性接管中」。

失控暴怒：競爭者

凱文把好鬥的一面隱藏得很好，因為那與「好男孩」的名聲不符。這種狀態會出現在體育課，也會出現在他拿到低分時偶然發表的評論中，還有與朋友的談話之間。站在他取悅別人的動機背後的，是一名想成功的競爭者。通常，他會對自己發火，逼自己更努力去滿足期待，但有時候也會對外發洩。無論哪種情況，都與平常在學校、社區裡看到的凱文形成鮮明的對比。

以下是凱文上體育課時的情形：

> 他超激動。熱身後開始進入比賽，他抓住網球拍大叫，沒有特定針對誰：「我說過我們打不倒嗎？打不倒！」他嘶吼：「對！我們是最棒的！」並把球拍拋向空中。「嘿！誰還沒輸給我們？」比賽中，他調侃對手：「比數多少？我贏了，大勝。」擊球時，他笑得很邪惡。賽後，他被告知要做二十五下伏地挺身，因為他在獲勝時興奮得跳過網子（他從來不會這樣）……然而，當因為幾次雙發失誤，看起來快要輸了的時候，他會對著不過是提出些建議的搭檔叫嚷：「操！不要指導我，老兄！」

這學期過了一陣子後，那位身為凱文鐵粉的體育老師告訴我，熱身室發生了一起不尋常的事故，凱文把牆壁踹出了三個大洞。起初沒有人要承認，但在老師請警衛來之後，凱文認罪了，他為錯誤的行為道歉並提出要支付修理費。他發誓不知道為什麼會這麼做，不知道自己是怎麼了。他解釋，現在是與行政人員「打交道」的好時機。他到校長面前說：「嘿！G博士，我會處理好的，好嗎？沒問題，我會買單。」就這樣。除了賠償損失，凱文沒受罰[4]。後來體育老師告訴我，通常這種行為的懲罰是停學。

另外一次，我看到凱文出現類似行為是在英語課上。那是英語個人研究報告截止日前一週，學生一開始被告知當天他們會有時間在課堂上寫報告，但是代課老師卻指定了一則短篇故事寫作作業。凱文對計畫改變極為苦惱，於是在全班面前發脾氣：

> 什麼鬼！我不讀這個故事（他把小說扔到地上）。K老師太不公平了！我不要做。我不在乎。我有話要和K老師說，老兄，今天要交嗎？今天截止嗎？「把所有作業帶來班上，我會給你們時間做作業」是怎樣？……K老師是騙子！他說會給我們整整一星期的時間。這是三十頁的報告！

後來，他憤怒地告訴我，這星期還有很多其他作業得做，真的需要用上課的時間來寫報告。他覺得自己倉促完成任務，而且因為沒有足夠的時間做研究，所以感到很不開心。

一個月後，凱文在等待英語個人研究報告的成績時，顯然很緊張。他咬指甲並大聲說：「我愛死B+。能當個庸才，我很滿足……去他X的A，爭取B+吧！爛透了。」當拿回報告時，他大聲咒罵：「B！該死！我就知道！」當天稍晚凱文反省自己的行為時，還是非常心煩意亂。他稱老師為「不公平的混蛋」和「壞蛋」。他承認承受著「極大」的壓力，並且說：

我必須以某種方式減輕壓力，需要英語得A，但我將拿到B+。有時候我好想放棄，我不在乎。喔！我只知道會得到B，卻不知道該怎麼辦。

面對可能無法達到自己和父母設定的成績時，凱文驚慌失措。起初，他試圖說服自己這並不重要。他大聲說自己將滿足於平庸，他不在乎。但顯然他很在乎。失敗的可能性讓他憂心如焚，導致失去平日對脾氣的控制力，表現出他無法引以為傲的那一面。此外，我觀察到這種脫序的一面在釋放前通常受制於安全地帶。他在體育課表現出這一面（在這堂課上，這種競爭行為通常會得到獎勵，因此，他「輕鬆拿A」），也向無權為他評分的代課老師展示這一面。而當拿到打過分數的報告時，他只會在英語老師面前大聲咒罵，絕對不會當面叫他「混蛋」。他甚至向我承認這份報告根本就在胡說八道，不值得拿A，但他需要高分。當慣用策略無效時，凱文變得束手無策。在這學期的最後幾週，他拚命不去在意英語成績，尤其是因為他在這方面使不上力，但這種情況持卻續惹惱他[5]。

最後，該學年接近尾聲時，凱文終於承受不了壓力。他描述所謂「崩潰」就是當自己無法滿足每個人對他的期望時，一切就發生了：

五月二日，我崩潰了，我感到沮喪與落後。我做了所有的測驗，彷彿被捲入……被吞沒。我在課堂上表現不好，感覺無助。我不喜歡感到無助。我很痛苦也很累，不知道該怎麼辦。於是我去找爸媽，我說：「我無法接受這樣……我就是做不到，再也做不了了。」他們說：「凱文，別擔心！盡力就好。這就是我們對你的期待。」

那讓我鬆了一口氣，聽到他們這樣說真的令人精神為之一振。我知道必須重新打理自己，振作起來。這不算真的崩潰，我推測比較像是我再也受不了了。我知道我需要激勵自己，因為沒有人可以為我做這件事。

那就是我化學課用功的原因。我們沒有作業，因為他不想打分數，所以我很懶、落後了，而且不懂章節內容。因此我做了這些筆記和所有的問題，你看……（他把筆記給我看）我一個晚上準備兩項測驗，也完成法語課兩個章節的筆記。然後又讀了《流浪者之歌》，一個晚上看九十頁。

然後我開始做這些測驗，一切開始變得順利。（他指著自己的頭微笑）……基本上，我正在學習。我過去從未真正學習，會在課堂上寫作業和聽課，但沒有認真學習。現在我透過做練習題、記筆記和其他事來學習。只要肯學習，就會做得好。

對凱文來說，這種「崩潰」意味著重新定義自己的學生身分。聽到父母的新期望是「盡力就好」，讓他感到放心。這聽起來與「獲得申請史丹佛大學所需的好成績」很不一樣。他暗示，這些新期待讓他自我激勵（而不是努力取悅父母）。現在他「真的」在學習：做筆記、預習、按照自己對好學生的定義去表現。他發現在崩潰後的一週內，他做的幾項測驗和作業都很成功。

然而，對凱文而言，這種能量爆發以及對學習的投入，是在學年結束前，最後一次為提高成績而努力。他讀《流浪者之歌》並不是想了解內容（事實上，他後來告訴我，他搞不懂那本書和愚蠢的集體測驗……因為太深奧了。）在我看來，他也沒有以有效的方式準備化學或法語資料。事實上，這種崩潰雖然讓他感受到巨大壓力，卻不一定能改變他的習慣。因為他的父母和老師仍然期待著他的「最佳表現」，所以他也是。凱文不想滿足於3.7分以下的成績，所以當可能無法達成時，他就會更努力地強迫自己。

在舉例說明凱文面對失敗，然後努力實現他人期待所產生的「失控暴怒」模式時，還有另一件事值得注意。這一次，他感受到「競爭欲望」推動自己理解虛數的概念。他告訴我，不希望人們「低估他的能力」，他必須向父母、老師和朋友證明他能成功。

我在課堂上思考這個問題，感到非常生氣。我超不爽，因為想檢查一遍，但好像全部都不對。我就像墜入地獄一樣，非常沮喪。大多數都算對，但不包含負號的部分。我從來沒有像現在那麼想了解數學，彷彿成了老師和我之間的私事。我抓狂，所以問了一連串問題，但她牛頭不對馬嘴。

引爆點是當我問如果有負號，是否就說明「i」存在？她說，她不知道我是不是應該那樣思考，我應該理解題目要問什麼……她說我需要獲得信心。她一副跩樣，彷彿低估我的能力。我討厭那樣……那段時間我很抓狂。而我的朋友也理解這一點。我做不到。通常我不會沮喪，但虛數的概念讓我困惑。我這輩子都這樣學習，但現在這些規則都不管用了。天啊！太令人沮喪了。

之後，在沒有老師協助的情況下，他努力自學這個概念。他在休息時間看到她，並大喊：「我終於了解虛數了！」後來，他自豪地給我看了他在單元測驗中獲得的高分。在這種情況下，如同崩潰後展現出的能量爆發，凱文決心更加努力證明自己能做得很好。他似乎把這種決心（以及通常隨之而來的憤怒）當成最後手段，只有在看起來最絕望、有可能讓別人失望的情況下，他才會使用。

因此，（凱文定義的）「真正學習」的時刻是罕見的，通常只發生在他確定必須改變方式或冒著失敗風險的時候。然而，我注意到在這學期，凱文有幾次真的在參與課程。在這些時刻，他不一定是受外部因素影響，而是對完成任務充滿熱情。

熱情驅動：投入的學習者

這學期，我三度聽到凱文談論他非常自豪的作業。他讀完《唐吉訶德》精簡版，寫了「家庭肖像」（五則關於他的童年、附照片的短文），並成功領導社區服務專案「筆友們」[6]。他告訴我讀《唐吉訶德》可以「一石二鳥」。在英語課上，學生被分配做一本讀書報告，而他們正好在歐洲歷史課上學習文藝復興，所以他選擇「敞開心胸接受新視野」，讀了一本比他平時會選擇的更有挑戰性的書。這一次他讀得很慢，因為必須理解文本中的艱澀語彙，也因為他想「具備娛樂價值」。在我們某一次的訪談中，他開玩笑地把自己比喻為騎士，對生活有完美願景，而且努力去實現，但「有時不成功」。凱文強調，「至少這傢伙一直在試，真的很努力。」這種態度的轉變意義重大，因為雖然他讀書是為了學分，但在選擇一本有難度的書時，他跨越了最低限度的努力，花時間思考這本書與自我生活的關聯。讀到騎士的故事時，他產生了共鳴，雖然自嘲地進行比較，但他的說法暗示自己與這個角色連結在一起，也許還對自己有更多了解，尤其是毅力的價值。他並沒有像這樣談論本學期要處理的其他文本或資料。

更引人注意的，是凱文談論英語課要寫的「家庭肖像」的樣子。老師要學生找五張舊照片，寫一則短文描述對每張照片的回憶。這項作業與《芒果街的房子》不謀而合，那本書講述一個墨西哥女孩對童年的回憶。凱文剛接到任務就翻白眼，「一個晚上」就寫出這篇文章。然而，在我們的最後一次訪談中，他說這是他最自豪的學校專案[7]，因為：

我拿到我最好的寫作成績……那真的是我應得的，責無旁貸，因為寫的是關於我的家庭。當寫熱愛的事物，寫出真正的情感時……我就會想，我寫詩歌和類似題材得到不錯的成績，是因為那些東西來自這裡（他指著自己的心）。

然後他問能不能大聲讀其中一個故事給我聽。那是在叔叔家過聖誕節的回憶，照片中小凱文和姐妹們在聖誕樹下拆禮物。這是相當出色的十年級作文，用很多具體細節來描述這一天，還有足夠的情感[8]：

沒有什麼能把我們從珍貴的玩具中抽離，除了奶奶海倫的料理。我的奶奶海倫得到了一份天賜的禮物，隨便煮什麼都美味。她的料理非常好吃，五歲小孩都會懇求想吃皇帝豆。我們的聖誕大餐通常不照習俗，有火雞、自製披薩、菜豆、開胃菜、自製麵包、蛋奶凍和霜淇淋派。我記得在聖誕晚宴上坐著，覺得混在成年人中交換菜盤是件非常重要的事。回想那些已逝去但恍如昨日的聖誕節感覺很特別。現在，海倫奶奶走了，食物也沒那麼可口。里奧叔叔走了，笑話也不再搞笑。每年的聖誕節變得越來越難熬。

這篇作文令人印象深刻，但打動我的並非這個部分，而是他要求把故事大聲唸給我聽。我認為這代表他是感到非常自豪的。通常我追蹤的學生都會主動讓我看他們的作品，但從來沒有人要求大聲朗讀出來。此外，凱文特別提到寫這篇文章時所賦予的熱情，不同於他其他得高分的作業。他覺得這個專題得到A實至名歸，因為是發自內心寫的。雖然成績仍是主要重點，但寫作對他而言是「真實的」，也是正當的，沒有欺騙、巴結或妥協，因此他覺得這種成功更甜美、更真誠。

凱文以同樣的熱情討論社區服務專案「筆友們」。他和一位朋友在高一時創了這個專案，當作英語課作業的一部分。老師要求學生進行十小時服務，但凱文和伊恩花了一百多個小時在校內及當地幾所小學組織學生，捐贈學用品和衣物給社區裡買不起這些必需品的孩子。今年，他們決定不為任何學分與分數，繼續並擴大這個專案。凱文自豪地提到這個專案沒有成年人贊助或指導，「真的是孩子直接幫助孩子……我們自己做了所有事」。除了伊恩的母親提供了一些友善的建議之外，這些都是真的：男孩們籌組志工招募會並指派現場領導人，他們聯繫了校長和親師會要求批准。他們監督該區十三所學校的物資分發，製作宣傳標語，發放了六千五百份傳單。他們呼籲當地企業和服務組織提供協助，並收到價值數千美元的用品與物資捐贈。他們聚集所有的袋子（都快把附近教堂的某間大型會議室塞滿了），整個七月份都在整理捐贈物資。事實上，他們收集了太多物資，所以特載在城市報紙上並播出新聞報導。最後，在夏末，他們把衣物和用品發送給有需求的學校。總之，凱文可能花了超過兩百個小時進行「筆友們」

專案，更計畫明年再做一次。他和伊恩甚至在寫手冊，如此一來，這個專案就可以成為學校的「典藏」，學生們可以在他們畢業後繼續實行。

他解釋自己做這項專案的動機：

社區服務占我生活中很大一部分，我喜歡，很有趣。我這樣做是為了覺得我自己很棒，我想知道自己正在做一些事情影響社會。例如，有研究顯示缺乏學用品、學校必需品和合適衣物會導致自卑，進而影響成績這種大事。……所以，如果早點解決這個問題，協助他們找回自尊，幫助他們得到這些沒有那麼貴、也沒有那麼難以取得的普通必需品，就可以稍微改變他們。

在後來的一次採訪中，他補充說明，幫助他人的回報比在學校得到的典型獎勵更有價值：

我的意思是，我們正在為人們和自己帶來快樂，因此才會這麼做。你知道嗎？不，我們不是為了取得認可而努力，而是為了喜歡助人的事實。有很多事要做，就像一份真的工作，雖然我們沒有拿到報酬，但這是值得的。

我透過「筆友們」學到的東西比在高中學到的還多，這個專案現在就像一個企業，我們必須打電話給別人，建立連結和網絡，管理人與時間，那些遠遠超過……那些回報比成績更棒。你真的應該知道，成績是一個字母，但這些是你真正在幫忙的人，你知道我在說什麼嗎？

他把報紙貼在床上方的天花板，並指著上面關於這個專案的報導說：「看，我把那篇文章貼在天花板上，每天早上當我向上看，就會覺得自己很棒。」

凱文沒有把成績單或平均分數貼在床上方，那些成就指標對他而言意義不大，似乎也不會讓他自我感覺良好。他反而重視為社區所做的工作，凌駕於為許多理由而做的學校作業。他很享受實際伸出援手的機會，為社區做出改變，做感覺真實的事情。他喜歡能練習職場所需的技能，例如組織人群及管理時間；也喜歡和友人可以在沒有成年人協助的情況下合作。凱文為「筆友們」努力工作，他為專案擔憂的程度，和做學校的作業一樣，但不同的是，他發內心「想做得比最低要求更多」，而他的付出以對他而言有意義的方式得到回報。

事實上，在想像一所理想學校時，凱文承認希望看到更多像「筆友們」這種「重要」的專案，可以教授「與人相關的技能」。他認為，高中的真正目的是教導「如何與他人相處之類的生活課程」。這些是他覺得到目前為止學得很好，對他往後的人生有所助益的事。這就是為什麼他在稍早的採訪中強調，他認為自己「是好人，但不是好學生」，幫助別人所獲得的快樂比拿高分來得多。

在反思這學期所有為達成功而產生的壓力時，凱文離開心中理想學校的幻想世界，回到對成績的關注。看來，作為一個好人的成功仍不足以令他滿足。這一次，他把自己和朋友伊恩相比，伊恩努力保持平均成績4.0，並在學業負擔與課外活動之間取得平衡：

我保持平衡，可是不像伊恩那麼厲害……我不知道他是怎麼做到的，但他的確做到了，他花了更多力氣。……不過我不希望那樣，不想過伊恩的那種生活。我告訴過他。我知道他現在所做的事，可能會讓他得到更多機會，但他並沒有從中獲得任何樂趣……他真的很害怕玩樂，因為他的一生只是在一個小蹺蹺板上找平衡，一件小事就可能造成失衡。我的人生好多了，我寧願做自己。我的意思是，伊恩真的比較聰明，他上更多榮譽課程，但是我不在乎，我寧願現在就玩得開心、過生活，你知道，過得開心同時也做得好。我喜歡自己現在的樣子。我不想被歸類為4.0學生，寧願只是那種考3.8分的人。

從字面上看，凱文似乎希望用GPA來定義自己（這個分數實際上比他目前的GPA高一點）。他承認感受到壓力，必須努力平衡欲望。但欣慰的是，至少他比朋友過得有趣。他說服自己可以「過生活」（去聚會、上課打混、和朋友鬼混），這是要拿到4.0分的公平交易。也許凱文用這作為另一個藉口，解釋為什麼沒有發揮實力（比起在學校盡力而為，他寧願過生活），或者當成與伊恩競爭的方式（至少他很開心，而且做得夠好）。無論如何，凱文的行為掩飾了樂於當拿3.8分的人的信念，而這種態度也是他用來應對壓力的另一種策略。

因此，他的「做學業」過程必須妥協。在書面作業和課堂表現兩方面，他不得不選擇一致性而非真實性。除了極為少數的情況，例如進行社區服務，以及能夠參加聚會並保持高分，他被迫著重於攸關未來的外部目標，而非個人滿意度。他也試著說服自己，就算他的表現不誠實，至少相當「正常」，可以代表其他學生。「每個人」都做最低限度的事勉強過關，每個人都專注於成績而非學習內容。為了成功而感受到的壓力，是凱文的主要動力來源，雖然他並不喜歡，偶爾還會導致「崩潰」，但他決心依靠這種到目前為止有效的策略。在聽到來自父母和學校告訴他「要表揚其他類型的表現」之前，凱文將繼續為拿A努力，如果沒有4.0分，也要有3.8分。就算得不到滿足，至少他可以努力說服自己，他比認識的其他學生更有趣，例如下一章要介紹的依芙．林。

1 這句話似乎是來自家長的訓誡。根據凱文之前所表示，他的父母相信他可以做得更好，他應該要更努力。我認為凱文說服了自己這就是事實，他並沒有發揮他最大的潛力，而當然，這一點比起相反的看法，也就是「他已經盡力了，但依然無法達到他們的期望」更容易令人接受。

2 艾迪．哈斯凱爾（Eddie Haskell）是電視劇《天才小麻煩》（Leave it to Beaver）中的杜撰人物，他經常誇讚成年人，目的是為了討他們歡心。

3 請參見後面一篇凱文在英語課所撰寫關於他家人的作文，見識一下他的寫作風格。

4 我從未問出他踢牆的真正原因。我依然不確定他這麼做是否是出於憤怒和挫折，或者真的是不小心的。不過我還是提及了此事，因為這和他平時的行為如此不同，但他巧妙提出要修復那面牆的手段卻又如此典型。

5 凱文在英語課的期末總成績是B+。那年十月當他在走廊上和老師擦身而過時，他半開玩笑地說道：「嘿，K老師，為什麼第一學期拿A–，第三學季拿B+，第四學季拿A–，最後學年總成績會是B+？」老師說：「沒有啊，我兩學期都給你A−的。」他和凱文回到教室去檢查成績簿，然後老師「當場」把成績改成了A−。凱文說：「還好我有跟他提，其實我本來想說算了，但我覺得A−（第四學季）顯示有進步，而且通常第二學期是比較重要的……後來我的GPA還是拿到了3.7。」雖然不清楚是老師當初把凱文的成績單寫錯了，還是當他在下學期被凱文質疑讓他改變了心意，但顯然凱文質疑成績這件事對他是有利的。在我的觀察中，許多學生都認為成績單是已成定局不能改的，而凱文的行動反映出他在學校的地位以及他想成功的決心。

6 我很驚訝他沒有提及他在足球方面的成功並且引以為傲。或許凱文沒有和我討論他在體育方面的成功，是因為足球季在我開始追蹤觀察他之前的幾個星期就結束了，也可能是因為他不認為足球是是「課業」的一部份——那是當我問他問題時所使用的字眼。

7 他在此區分了「學校」計畫（一項特別為某個課程所進行的計畫），以及他的社區服務計畫（一項原本始於他九年級英語課的計畫，但現在已經不再和學校課程相關）。「全家福」是他今年最引以為傲的一項學校計畫，但筆友（如下所述）則是他今年最引以為傲的「事」。

8 我僅在此貼了一段供參考。由於他是唸出來給我聽的（錄音方式），這裡的文法和發音與書寫版的作文或有不符。

第3章 依芙．林：作為一臺高中機器的生活

這個週末我壓力真的好大，即將有一個微積分考試，這代表我必須做過去兩個禮拜的作業。我還有一個物理測驗，進度落後了兩章。我星期六和球隊打了陸上曲棍球，並在星期六和星期天做了所有的物理作業。然後，我有兩篇英語課報告，雖然都是簡短的報告，但仍得讀完故事，發表一些與我的生活有關的意見。因此，雖然我在星期天晚上服用了提神藥物，一直喝咖啡，還是在寫物理作業的時候睡著了。幾個小時後，凌晨四點，我醒來時肚子痛，但不得不做這些報告，於是又喝了更多咖啡，不停地寫。今天早上我肚子劇痛，類似闌尾炎什麼的，但看看我，還在喝咖啡！我會在午餐時完成報告，然後忙學生會的事[1]。（她嗚咽）我發誓我不會成功，我快要死了！

對依芙而言，高三是「地獄年」，幾乎每週都是一生中「最糟」的時段，因為她允許章節測驗、研究專案、閱讀作業和學習課程等無止盡的要求驅使她在持續處於壓力的狀態下參加每一天的競賽。她形容生活就是為了「想辦法在六月前活下去」而「奮進、奮進、奮進」，她幾乎時時刻刻都在努力。她經常在早午餐和午餐時間做作業，每天晚餐後也一直用功到凌晨。她為了週末而「活」，那時可以趕上一週內無法完成的所有作業。假期間，她每天都要花六、七個小時寫作業。她坦言自己一直精疲力竭，但實在沒辦法：「這就是我的做事方式……我就是這樣做學業的。」

依芙承擔過多事務。她參加每一項可以申請的大學先修課程與榮譽課程，同時是十二個學校俱樂部和委員會的成員，包括學校事務委員會、學生會、西班牙俱樂部、美國青年政治家組織、全美榮譽協會以及模擬法庭。她也為陸上曲棍球隊和羽毛球隊效力，並在兩個學校樂隊表演。她誇口說按照她的ＧＰＡ，她在班上排名第六。為了被頂尖大學錄取，她計畫保持這個排名。她解釋「高中的主要目的，是讓學生為上大學做準備」，尤其對依芙和她的朋友而言，「是為了被常春藤聯盟錄取而做準備。」

她經常夢想著一種不同的學校生活，下午運動後回家，吃飯，也許看一、兩個小時電視，休息一下，或許有時間和朋友聊天，然後可以在兩小時內完成作業。她「羨慕」過這種生活的學生，「參加大學預科課程的學生，以及會上相當不錯的學校的學生」。[2]但她確信，這些學生絕對不會進入常春藤盟校，這對她來說無法接受。依芙想盡其所能「有多高飛多高」，她想上哈佛。

依芙很小就有這種人生哲學。她在臺灣完成四年學業，記得那裡的氛圍非常嚴格、競爭、「完全專注於學業」。來美國之後，她在ESL（English as a Second Language）班努力用功，把英語能力提升到足以進入五年級正規課程的程度。中學畢業時，她已經連續兩年獲得滿分，並贏得二十五美元的獎勵。（她解釋，獎勵本來更多，只是當年必須與班上其他十名得4.0分的學生共享這筆錢，「其中很多學生也是亞洲人」[3]。）

開始讀高中時，依芙總是擔心成績和大學錄取的事情。她原本計畫在四年內保持滿分，但高一的某次期末考試發生了一件「可怕」的事情：

> 數學期末考我需要拿到九十八分才能獲得A。結果我只考九十五分，那年拿了B。一開始我極為震驚，覺得「這怎麼會發生在我身上？」但有時我又覺得這樣很好，因為不用擔心要保持4.0分。我的意思是，有些朋友對於要維持這種分數感到很不安，而我可以嘲笑他們，因為我不需要擔心了。

這個學期中，依芙重複說了好幾次這個故事。她試圖說服我（顯然是要說服她自己），她並未過度關注成績，因為拿到B已經「毀掉」了她的平均成績。然而，數學考試的「低分」不但沒有讓依芙擺脫這種擔憂，反而讓她更焦慮。她認為這是紀錄上的一個污點，使她「在朋友眼中變成能力較差的人，彷彿不再能平起平坐」。當她從朋友那裡聽說「新生的成績並不會真正被計入（大學成績單）」時，她得到些許安慰，決心更加努力用功，以趕上她的高成就同儕。GPA 3.97與名列前茅證明了她的成功。

我一遍又一遍地問依芙：「你為什麼要這麼做？為什麼要如此用功？」每一次，她的答案都一樣：

> 進入常春藤，這就是我所想的……入學並且成為年薪五十萬美元、成功的醫生、工程師，或任何我想成為的人。……這目標對我來說很狹窄。……我必須被認可，然後我就可以有自己的生活了，一旦進了……。

對於這個目標，依芙是肯定的。不過，當思考背後的原因時，她就不那麼清楚了。有一次，她說是她自己選擇了如此困難的課程。還有一次，她說覺得被迫服從：父母、朋友、「周遭」、學校都在推著她走向「常春藤聯盟之路」。那一個學年尾聲，她再次動搖：「我選擇追求最大值……我為自己而做。我不想這麼忙，但如果當個大懶蟲，我不會感到開心。我努力向上，而結果令我驕傲。」

的確，她努力用功贏得了高分，以及老師、同儕和行政人員的尊重。校長稱依芙是「真正的明星」。一位老師告訴我，依芙是「理想學生」，事實上，他希望「更多學生像她一樣專心致力於學業」。然而，依芙的高要求作風和「心胸狹窄」，對她的健康和社交生活造成了嚴重傷害。她沒有意識到「時時刻刻都在用功」和「大懶蟲」之間的巨大差距。事實上，依芙的「學術奉獻」導致了難以歸類為「理想」的後果。

「追求最大值」

和凱文「做最低限度」的成功策略不同，依芙選擇「追求最大值」，她經常做很多額外的工作，只為了成績單上能多加幾分。在課堂上討論馬丁・路德・金恩（Martin Luther King Jr.）的〈伯明罕獄中書信〉（*Letter from Birmingham Jail*）時，依芙的同學只有半頁粗略的筆記，或根本沒寫筆記，但她讓我看她準備的兩頁打字內容，包括主題運用和文學寫作手法，是要寫來加分的。她還選擇重寫英語報告，好讓分數從A^-成A。依芙為此受到老師的稱讚，因為她表現出「全力追求卓越」的態度。在講述西班牙語簡報時，她幾乎總是在限時三十分鐘內，全程利用精心製作的視覺輔助設備，而她的同學卻努力尋找撐到十五分鐘的討論素材。此外，學年結束前，雖然知道自己的大學先修歷史課拿了九十九分，就算期末考拿D，成績單上仍然會是

A，依芙還是用整個週末準備考試。她解釋自己的策略：

這就是我一直以來的寫作業方式。如果我要花時間做這些事，那不妨盡力而為，也會讓老師留下印象。對我而言，做得更好並不會增加太多難度，大約多花一、兩個小時，然後老師會更尊重你，知道你不是懶惰蟲，那麼和老師的關係也會更好，因為老師認為你很認真地看待他的課。

對其他學生來說，多一、兩個小時似乎是無止盡的漫長，但對依芙而言，卻是好好用來區分拿A^-或A，甚至可能是A+的時間。而且，如果她讓老師開心，他會幫她寫一份更好的大學推薦函。

然而，這樣的策略導致了嚴重後果。因為依芙參與很多進階課程，並在許多委員會和俱樂部任職，她不可能做到需要做的每件事，還能保有她口中「自己的生活」。依芙沒有像凱文自認已經做到的那樣，在工作和娛樂之間找到某種平衡，她選擇只專注於學業，犧牲積極的社交生活與健康。她解釋：

有時候接連兩、三天，我只睡兩小時。我看到很多朋友都累壞了，但我沒有時間擔心這個……這是典型的亞洲方式，我們很多人都生病了。我喝咖啡喝上癮，實際上，我更喜歡說自願依賴咖啡因。有些人認為健康與幸福比成績和大學更重要，但我不這麼想。我覺得被迫競爭，因為我們班的同學非常聰明，而我正在和他們競爭進入大學。

依芙這樣說並不誇張。有幾次，她和朋友拖著疲累的身軀上一整天課，雙眼浮腫、神情憔悴，結果又要面對一整晚更多的作業，以及極少的睡眠。學年尾聲，在大部分大型專案和報告截止日前，依芙和班上許多成績好的同學都病得很嚴重。她抱怨經常胃痛、胃食道逆流、舌頭上有「酸味」。她說自己吃得不好，只「靠麥片維生」，因為真的沒時間吃飯，而且通常「壓力過大、太累而感覺不到餓」。

依芙的健康狀況偶爾變得很糟糕，父母因此開始擔心她。她告訴我，父親相信她得了潰瘍，要她「減少」一些活動，這樣就有更多睡眠時間。這學期，依芙在書桌前用功時睡著兩次，母親決定當天不叫醒她去上學。然後她母親和老師碰面，為她的缺席致歉，並聽取她可能錯過的作業。依芙感激母親的善意，卻因為父母要求放慢速度而感到困擾：「他們擔心我，並說如果我不上常春藤的學校也沒關係，彷彿他們仍會為我感到驕傲，但那是屁話，因為他們不會。」在同一次談話中，她說：

如果放棄了，我會認為自己是失敗者，我真的很害怕失敗。後來我想「喔！其實沒那麼糟。」還可以，我是說我還沒死。……我的意思當然是，我從來沒有像朋友那樣，他們緊張與疲憊到談論自殺。我從來都沒有那樣，你知道的……事實上，大多數時候，我真的很自豪能夠承受所有壓力。這讓我變得更堅強，我知道下次可以處理這件事，而不是崩潰。我認為高中生活確實能增強抗壓性[4]。

依芙相信承受壓力會成為「更堅強的人」，然而生理上（有時心理上也是），她似乎處於崩潰邊緣。當然，這樣的結果並非校方或父母有意為之，不過依芙從他們那裡接收到了複雜的訊息。一方面，學校蓄意安排某些課程在同時段，所以，根據依芙的說法，學生因為不能報名所有課程而「備感壓力」。例如，學生必須在撰寫校園報紙、出版年刊以及任職學生會之間做出選擇。他們一次只能參加一種大學先修自然科學課程，而且需要通過嚴格的條件資格才能參加榮譽課程，正如某位老師解釋的，以「確保沒人無法負荷」[5]。然而，儘管有這些預防措施，學生還是很擔心。針對自然科學課程的限制是個例外，因為學校課程指南建議「特殊生的特定途徑」，其中包括幾乎在每個學科領域都有的榮譽課程和大學先修課程。此外，在學校辦公室外的學生榮譽榜上，像依芙這類的學生是主角。許多學生因成績優良而獲得每月各學科的獎勵，這強化了得高分的重要性。

依芙的父母和老師們一同讚揚她出色的在校表現，她也聽到他們向臺灣親友吹噓她得的許多獎項與高分。所以，當父母告訴她要「減量」，依芙自然會懷疑他們的真實意圖。長久以來，她從太多地方聽到與「未來成功」有關的訊息，習慣被讚美與成為焦點，越來越害怕失敗，以致於願意用「健康和幸福」換取常春藤聯盟的入學許可。勤奮與投入讓她看起來是理想學生，尤其是和那些很少做作業或不太關心未來的學生相比。但是，在高分和「滿滿的」履歷下，躺著一個疲憊、不安、「沒有生命」的青少年。依芙說：「我只是一臺沒有生命的機器，存在於這個地方。……這所學校把學生變成機器人，我一直在想這個問題，我是機器人，只是不斷翻頁、工作、過一成不變的日子。」

對依芙來說，學校是死氣沉沉的。她爆肝的日常把時間消磨得所剩無幾，做不了其他事情。例如，服裝週某日，學校祕書給依芙一顆水球，但依芙忙到無法決定怎麼處理水球，於是遞給一位朋友。五分鐘後，兩個女孩正在討論微積分，無法決定如何處理水球，最後依芙把它扔到附近的垃圾桶裡。她如此專注於數學問題，沒辦法因為這種小事分心。後來她告訴我：「我想開心地玩，前提是不犧牲課業。」

適者生存

在十年級的生物課，當依芙學到達爾文的進化論及「適者生存」概念時，立刻將此理論連結到自己的生活。她解釋：「我喜歡這個理論，因為這就是我這一群朋友的做法。那些設法『熬夜、盡可能承受壓力還能活著的人』是最適任的，而且『保持在巔峰，生存下來』。那些無法承受所有壓力和強度的人……已經不在頂端。關鍵是『踩著別人往上爬』。」

依芙承認這樣的理論似乎很「嚴厲」和「殘酷」，但她相信必須有這樣的心態才能進入頂尖大學：

> 一個想進常春藤的人知道理想目標……你深陷其中，彷彿衝突隨時會發生，然後你意識到「喔，等等，我也在和其他學生競爭。」大學只能接受來自同一所學校一定人數的學生，你知道的……所以你開始與他們競爭，對他們有所隱瞞。

依芙懂得想被常春藤錄取的激烈競爭，也了解自己和朋友非常相似。大多數是成績優秀、聰明、才華橫溢的華人學生，經常參加相同的學校俱樂部和進階課程。她認為必須以某種方式與朋友有所區隔，以「吸引」招生委員會的注意，超越同儕。因此，她採取了祕密行動，隱藏那些她認為會使她與眾不同的活動。例如，她隱瞞每週在當地醫院擔任義工的事，希望這種社區服務讓她不同凡響。她也儘量不透露一門特殊數學課的資訊，計畫夏天在當地大學選修，並祈禱朋友們不會及時發現去註冊修課。最後，她和朋友都對成績保密，假裝自己的報告或考試成績沒有預期得好，希望他人將對自己的注意力轉移到另一個成績優秀的學生身上。不過，學生通常會偷瞄已打上成績的小論文，或數一數教室牆上發布的字母排序成績，發現朋友真正的分數。

儘管朋友間競爭激烈，但依芙說他們也是她的主要支持來源。他們會參與對方的運動會和表演會、買鮮花和糖果互相打氣、傾聽對方抱怨工作量和疲憊。依芙發現彼此的關係有點諷刺：

從某種意義上來說，我們的競爭非常激烈，不希望對方擊敗自己……但也真正理解彼此正在經歷什麼，以及所承受的壓力……所以我們互相推動，因為知道彼此都有能力上最好的大學。我們好像在為對方加油。……但有時又很殘酷，不告訴對方自己在做什麼。我們總是想辦法證明自己比對方強……不過還是會在深夜互發電子郵件詢問：「進展如何？」

隨著學校制度建立，這種同伴之間的愛恨關係似乎是實現依芙願望不可缺的一環。當同校學生爭奪特定大學的幾個名額；當只有一些人能拿到A；當班上被設定成要加強彼此的競爭（在布告欄張貼得A的報告，宣布考前幾名的學生名單，或讓前百分之五的學生不用考期末考），學生往往被迫在為朋友加油或密謀反對朋友之間做出選擇[6]。即使在強調合作學習和分組工作的教室裡（許多先修課程都如此），依芙都覺得自己的忠誠被撕裂了。她知道老師最終必須分配個人成績，她希望自己是最好的。

在描述朋友間作弊的情況時，依芙也有相同矛盾的情緒。隨著激烈競爭與壓力，作弊的誘惑很強烈。依芙承認許多朋友作弊，她對此感到心煩意亂，因為「他們不用努力學習就能拿到A」，而她「卻得用盡全力」。但她並沒有告發，她不想讓朋友陷入麻煩，影響大學錄取的機會，儘管她認為他們所做的某些事情「完全不道德」。

我注意到，事實上，大多數先修班學生不會按照一般學生的方式作弊。我知道極少數會抄襲別人的答案或夾帶小抄。正如依芙所指出的（我也觀察到），先修班學生會將方程式輸入計算機中；考試當天蹺課以獲得更多自習時間；詢問當天較早考試的朋友考卷具體資訊和問題。依芙認為這種行為「是欺負誠實的學生，因為老師從不會改變考試和分數，每個人都在同一條曲線上」。依芙自豪從未使用任何手段取得領先。她下決心「要以正確誠實的方式，不作弊、不蹺課，名列前茅」，即使這意味她可能不會是畢業生致詞代表。在我觀察她的八個月裡，這是真的，依照她對「作弊」的定義，她不會那麼做。

然而，我觀察到她使用了許多策略，這些策略是某些教育工作者可能稱為作弊，學生卻認為是完全可接受的。我經常注意到依芙和她的朋友一起分享作業答案與檢討題組。依芙還定期從布告欄抄寫微積分題的答案，然後用在作業中。在課堂上的問答時間，她會低聲告訴朋友答案，而當她在討論中被點名時，她感激地接受鄰居的協助。依芙不把這種行為理解成作弊，反而堅持「對照和討論作業答案，或在課堂討論中這樣做，都是可以的。老師希望我們合作」。後來，一位老師告訴我這是「兩難的決定」。他鼓勵學生分享題組的解題對策，但最終希望他們能自己做。依芙和朋友們確定這是條模糊的界線。因為他們不可能自己完成所有作業，所以創造「合作」的學習環境，互助完成一大堆作業。正如這些學生的典型做法，重點是取得好成績，而不是實際學習到了什麼內容。

除了這些有創意但有點騙人的策略外，依芙還依靠其他策略取得成功。在許多課堂上，她努力表現出專心的樣子，實際上卻可能在做其他作業或準備考試。例如，在自然科學課中，她試圖「每隔十分鐘左右」問一個問題，這樣老師就會認為她很專心。在這些專注的時刻之間，她設法為英語課寫了兩篇日記。幾分鐘後，自然科學老師突然點名依芙，她仍能正確回答問題。我看過她這樣做很多次，即使是在微積分等困難的課堂上。我詢問她如何擁有這麼令人印象深刻的技術，她回答：

> 我有一心二用的天賦，可以和朋友持續交談或做作業，還知道老師在黑板上寫什麼。我也能判斷他們什麼時候會問問題，然後開始專心聽課。

她已經學會了該在什麼時候「充耳不聞」，該在哪一天「坐在教室前排，認真集中精神」。從這個意義上來說，依芙已成為「技藝精湛」的學生，她還學會善加利用在學校的每分每秒為自己謀福利。她有時甚至會影印幾頁歷史課本，以避免在微積分課時，被抓到桌上放著其他科目的課本。

依芙也善於使用其他花招。儘管認為蹺課去準備考試是「不道德的」，但她還是為了其他原因毫不遲疑地蹺課，例如回家列印西班牙語報告，或在特別累人的上午考試後和朋友吃一頓豐盛的午餐。她只需要找藉口說「預約了諮詢」，或告訴老師她將「因為一個非常重要的原因」缺課，但承諾補上沒交的作業。老師信任依芙，因為她在課堂上表現良好，因為她是學生領袖，也因為她努力與他們保持友好關係。她在第四堂課從停車場疾馳而出時，笑著說：「他們絕對想像不到我會蹺課！」

和凱文一樣，依芙也有意識地贏得老師與學校行政人員的青睞。她盡量「穿得漂亮」到學校「給人留下好印象」。「畢竟，」她大聲說，「你永遠不知道何時會有重要會議或面試，你需要看起來很慎重。」她還選擇參加「知名度高」的委員會，這樣校長和副校長就會認識她。而這些策略顯然行得通，依芙自誇：

> 我和行政人員很要好，我可以躲過很多不好的事。就連朋友有時也會要我跟行政人員套交情。就像上星期，我錯過了確認大學先修課程的最後期限，所以找簿記員讓我延期。那有助我認識他們，也讓他們認識我。

有一天，她蹺課去買巨型黃色向日葵給兩位學校祕書。她告訴我她覺得和他們很親近，因為對方一直幫助她。他們允許她使用他們的手機與電腦，而且不忙的時候，她可以用他們的辦公桌讀書。有一次，依芙對錯過獎學金申請期限感到非常緊張，其中一位祕書還提議為她打報告。相對地，可以的話，依芙也會提供協助，例如她同意幫一位臺灣新生的家人和學區辦公室溝通。

依芙在學校的知名度也讓她獲得其他好處。她曾和校方人員在幾個委員會共事，所以她可以很自在地陳述想法，對校方各種決定提出異議。她經常質疑她認為不公平的分數（儘管往往只讓她多一、兩分）。有兩次，她對老師的決定提出上訴，因為這些決定可能會妨礙她參加榮譽課程。這兩次，她都跳過老師，直接說服行政人員允許她重考，隨後她通過並被錄取參加課程。她甚至跟副校長單挑，爭取註冊多項自然科學先修課程。如上所述，校方通常禁止這種做法，但經過幾次會議，依芙獲勝，於是在高中最後一年，她總共註冊了七門大學先修課程。

依芙對奮戰結果感到高興，但對朋友沒有與她並肩作戰感到沮喪，尤其是透過她的努力，他們也被允許參加許多先修課程。她懇求他們一同出席會議或寫連署信，可是他們表示太忙，或擔心會受到不良影響。依芙更加賣力，並告訴他們，「在生命中的某些時刻，他們將會與更聰明、更年長的人合作，他們也需要有自己的立場，努力爭取想要的事物。」但友人並沒有和依芙一樣的激情，也沒有共享她與校方人員的密切關係。從這個意義上來說，依芙已經有別於同儕。在學校裡，她獲得了權力地位，可以讓她抒發己見，被人聽到，雖然她對自己無法「贏得如同家長或老師那麼多的尊重」感到遺憾，但她發誓要繼續在學校裡為自己的需求而戰。「這是我的教育，」她說，「他們（行政人員）通常擁有最終發言權，但我在這裡提醒他們，他們應該密切注意我。」

在我對優等生的觀察中，這種信念和激情很罕見。大多數人傾向與教師和行政人員和解，因為成年人對成績和大學推薦的形式有行使權。依芙可能不像凱文那樣嘴甜有禮貌，但她也取得了類似的結果。老師們認識她、尊重她、給予她好處，因為她贏得他們的信任。因此，在這場生存遊戲中，依芙似乎對所處的環境適應良好，並且在最「適合」的地方保有一席之地。

享受過程

這學年尾聲，依芙收到麻省理工學院一位朋友的來信。他寫道自己意識到「太晚享受高中的最後一年，後悔把時間專注於角逐申請常春藤盟校。」他建議依芙「如果要爭取這個結果，不妨享受過程，就算沒有得到真正想要的結果，至少對過程感到滿足。」

我問依芙能不能誠實地說她今年「很享受這個過程」。她回答她「熱愛」課外活動，例如「模擬法庭以及為學生會協調活動卡」[7]。她對自己如此喜歡這些活動而感到驚訝，尤其是做這些事「壓力超大」。

起初會參與「模擬法庭」，主要是因為媽媽告訴我這項經歷列在成績單上很好，但後來我發現真的很刺激。你知道去那裡會跟真正的法官在一起……在真正的法庭裡……然後你去那裡提交案子。就像你聽說過的辛普森案一樣……喔，我不懂，但真正開始為審判過程做準備工作時，你實際上理解了一些……法院系統和社會上發生的事情。

依芙同樣讚賞活動卡工作的「現實生活」面。她說，學生會專案是她「今年最大的風險」，因為學校通常會與校外廠商簽約，創造與銷售活動卡。依芙認為，經由「獨力設計」卡片，以及向當地食品和零售店銷售廣告與優惠券空白處，最後刊登在卡片背面，學校能賺更多錢，銷售所得有助於支付學校活動的費用，當地店家也將從學生消費增加中受益。她和校長開了幾次會，「賣給他」這個想法，然後與學區助理總監見面確認細節。她誇口說「完全靠她自己」與廠商碰面，只需要改變合約中的「一項條款」，那是她為潛在供應商寫的。對依芙而言，最好的一面是她「有權力做出改變，並與校園裡的大人物互動」。和凱文一樣，依芙也喜歡從事可以為社區做出改變的活動。對於有機會扮演一個通常為成年人保留的角色，她感覺自己被賦予權力，也享受可以承擔「真正的」風險（學校的進帳與她自己的聲譽）並取得成功。

另一次依芙談到令自己非常自豪的成就，是針對美國國家航空暨太空總署（NASA）阿波羅任務的歷史提出簡報。三到四名學生一組，針對美國史上的一個主題進行深入研究，並以一小時簡報展示「有條理、富創意、多媒體、具教育意義和娛樂性」的內容。該簡報包含英語與歷史課的學期共同專案。在簡報定案前，依芙的小組一起做了超過二百五十個小時的研究。簡報當天，每個小組都試圖超越之前講過的人，而依芙的小組是最後一組，他們展示了我見過最好的簡報。以下是現場筆記摘錄，傳達了簡報的力度：

老師、學生和學區總監都是來這裡看團體簡報的。他們進入黑暗的房間，聽到《星際大戰》（*Star Wars*）配樂的隆隆聲。教室從地板到天花板的牆壁上覆蓋著深色床單和閃爍的銀色星星。四名小組成員都佩戴NASA名牌、穿著NASA的T恤。走過大門時，我們拿到太空船中心訪客通行證。房間的前方有三臺大型電腦終端機、一臺大螢幕電視和四組六呎高的喇叭，營造出環繞音效。……在這一小時內，學生們帶著觀眾踏上阿波羅火箭真相之旅的同時，也進行了幾次場景和服裝變化。我們站在發射臺上，在NASA博物館裡，透過連續鏡頭的真實剪輯影片、好萊塢太空旅行的片段，以及一個學生製作、描述太空生活的影片，我們都與太空人「在一起」。……當火箭升空，音樂響起，電腦也瘋狂地發出嗶嗶聲。現在，觀眾被分配任務，以便將阿波羅13號機組人員安全帶回家。我們用膠帶把圓錐硬紙板、橡膠軟管和塑膠杯黏在一起，模擬太空人需要做的事。……歷時一小時，接近尾聲，觀眾要為這場簡報「評分」。幾名學生小聲說，應該得到A。老師給了這個小組A+，並稱這次簡報「非常精彩」。

隨後，該小組對老師給的成績感到很滿意，但更令人興奮的是，他們形容為「班上最厲嚴評論家」的同學生給了他們A。他們認為這是「最棒的讚美」，因為他通常給分不超過B。也許依芙和朋友習慣了從老師那裡獲得高分，好成績已是家常便飯，但被公認的「最嚴厲評論家」稱讚確實很有意義。

在清理教室並拆掉布景時，依芙告訴我，儘管成績不錯，但仍對這個專案的結果有點失望：

> 說實話，結果一如預期，我們拿到了A，但有點虎頭蛇尾。我希望也許能有其他時段再做一次，或者到小學教導小朋友關於NASA的知識。做了所有事只為了一個小時的演示……我的意思是，我很高興，因為學到很多，真的以大家為榮，但有點難過。就像學區總監對我們所使用的技術與道具印象深刻一樣，我認為人們真的低估了學生的能力。我們可以用這個簡報做更多事。

依芙對這次演示的自豪，被無法「做得更多」的遺憾沖淡了。她沒有得到滿足。這是少數她不只想從高中教育單純「得到分數」的時刻。

然而，這種情緒是短暫的。演示結束後的一天，依芙聽說有些學生對她的小組使用真實的NASA物品感到不悅。他們抱怨依芙的小組透過管道接觸NASA，收到通常是禁止公開展示的短片和制服，而那是不公平的。依芙聳聳肩回答：「是的，我們靠關係。這就是人生，而你必須與人產生連結，必須有人脈。有點像是我認識辦公室裡所有祕書一樣。我能說什麼呢？那就是你得到所需的方式。」因此，即使依芙尋求（除了成績和大學錄取之外）更大的成就感，她仍然時刻意識到要玩一些把戲，得到想要的東西。她非常喜歡學校活動，也知道它們的終極價值：模擬法庭列在成績單上很棒；活動卡的新方案讓校方開心，並給了她進入學區辦公室的機會；而NASA專案為她贏得了A，部分原因是透過友人在那裡工作的父親的關係。

依芙努力尋找「只為她自己」而做的活動。她告訴我，用中英語閱讀中國哲學「只是為了好玩」。她每週課外到私立中文學校上一次課，學習華語、文化和美食。雖然有課本，但她表示自己「領先全班同學」，並試圖「擠出十五分鐘」讀她喜歡的哲學[8]。她享受這樣的閱讀，因為可以多了解自己的「文化遺產」，而她的暑期閱讀清單已經列了關於孔子、老子和道家的書。

今年夏天，依芙計畫教國中生自然科學，寫大學申請文書，申請幾個獎學金，閱讀英語先修課所需的文獻，參加女孩州大會（Girls' State convention），還有，她小聲地說，到社區大學參加那個特殊的數學課（「不要告訴任何人！」）。當意識到自己會有多忙時，她搖搖頭：「我不知道為什麼要這樣對自己。」她停頓了一會兒，然後補充——與先前的說法相矛盾，「我想我不喜歡回家、看電視、做一小時的家庭作業……我需要積極，感覺真的完成了一些事情……你可以說我瘋了，但我真的很喜歡被推著走。」

正如凱文試圖說服自己，在追求GPA時不知怎麼地就「玩得很開心」，犧牲了可能得到的4.0分的機會「去參加派對及過生活」。依芙也試圖說服自己以其他方式做學業不會開心。然而，依芙最終無法掩飾對某些成就的沮喪和失望。她怨恨作為學校機器人的生活，以及要想脫穎而出必須使用的戰術。她想相信自己能夠自由選擇通往成功的道路，但也承認來自外部的壓力影響了她。她希望到了最後，被大學以及常春藤聯盟錄取所帶來的未來利益，能夠證明這些努力是值得的。在那之前，她知道必須放棄睡眠、健康和社交生活，才能保持頂尖的地位。

1 學生自治會（Associated Student Body）：伊芙是當選成員，而她的第六堂課完全用來從事學生自治會的行政事宜。

2 我想要澄清的是，伊芙認為參加學校大學預備課程的學生生活就是這樣的（相較於榮譽課程或一般課程）。然而我在大學預備課程中所觀察的許多學生，包括第六章中的羅伯特，過的都不是這種「理想中」的生活。不過，伊芙的想法可能沒錯，大多數大學預備課程中的學生都不會被常春藤學院錄取。

3 這個觀察在許多方面似乎都深具意義。這顯示了該社區中有幾位其他學生也和伊芙一樣，對成績十分努力和看重。伊芙也相信在亞洲學生的成功率方面是有其文化傾向的。

4 伊芙表示她有許多「華裔朋友」都是好學生，而且都是用「典型亞洲人那種高壓的方式」來求學。在此，她指的是一種常見的刻板印象，也就是「亞裔學生在學校是比較用功而且成功的」，這種刻板印象來自於在費爾克斯特高中的榮譽班和進階先修班中，亞裔美籍學生占了很高的比例。幾位研究人員曾經研究過這種亞裔美籍人士的「成功故事」，也指出了其中的問題，尤其是沒有考慮到亞裔美籍人士的子群體中，其實包含了極大的多元性，同時也忽略了在家庭成員的社會經濟地位和教育背景方面的重要區別。我發現大多數的研究都強調需要針對教育成就和亞裔美籍子群體文化之間的關係進行進一步的研究，特別是父母對成功的期望，以及青少年自殺率之間的關聯（請參見例如沃克－莫伐特〔Walker-Mofatt, 1995〕；劉、余、張，和費南德茲〔Liu, Yu, Chang, and Fernandez, 1990〕）。總而言之，伊芙認為她在學校的動機和成功都和她身為華人的成長背景有關，而她也很好奇如果她「生長在不同的文化背景之下」會有什麼樣的經驗。

5 歐克斯（Oakes, 1985）曾寫過這種編班方式的問題。榮譽班的挑選過程或許能夠「保護」學生不過勞，但也會有效地延續學校中階級和種族的隔閡。通常，那些普通班的學生，很多都是來自較低的社會經濟背景，根本無法達到技能和知識方面的要求而進入榮譽班。

6 這種行為符合了茱莉亞．德芙（Julia Duff, 1997）針對經濟條件優渥的青少女之間的同儕關係所得出的研究結果。

7 伊芙為學校設計了一張新的活動卡，學生們可以使用這張卡片去參加舞蹈和體育活動。伊芙想出了一個點子，在卡片背面的空白處賣廣告和折價券欄位給當地的食物和零售商，所獲得的額外收入則可以用來支付學校辦活動的成本。

8 我無法去觀察伊芙上中文學校的情況，只能仰賴她的自我報告。

第 4 章 泰瑞莎・葛梅茲：我想要未來

泰瑞莎衝進第一堂西班牙語課教室，並對了一下牆上的時鐘：八點二十五分，她遲到了二十五分鐘，錯過了半堂課。「對不起！夫人，」她一邊用西班牙語說，一邊試圖喘口氣，「我很抱歉，但不得不帶表妹去醫院，我是家裡唯一會開車的人。她病得很重，很嚴重。」老師瞄了泰瑞莎一眼，朝門口揮揮手，繼續上課。泰瑞莎了解這個手勢，於是穿過校園走到辦公室拿遲到許可證（tardy slip）。她很了解流程，因為這是她這個月第七次遲到。當她回到課堂上，打開背包翻找西班牙語書時，她皺起了眉頭，因為她發現沒帶書和當天的學習單。她眼眶泛淚告訴我她頭痛，然後低聲跟隔壁同學借了鉛筆，試圖集中精神聽講。幾分鐘後，她大聲打了個噴嚏，接著迅速跳起來，從老師書桌上的盒子裡抓取一些面紙。她感到尷尬，站在門口，背對教室，盡量安靜擤鼻涕，沒有引起更多注意。坐下後，她把棕色長髮扭成包子頭，雙手捧頭，輕聲呻吟著，「喔！我不舒服，應該回家。」

這學期有將近一半時間，泰瑞莎在教室門口擤鼻涕。健康問題讓她缺勤很多次，讓她帶著長期因流感所引起的困惑感去體驗學校生活。她「無法理解為什麼病得這麼嚴重」，而且「忙到沒時間看醫生」。她解釋自己睡得不多，吃得不好，因為有「非常瘋狂的行程表」以及「許多干擾課業的事」。作業與她的有薪工作和家庭責任互相競爭。泰瑞莎吃著她平常會吃的多力多滋玉米片和低卡百事可樂午餐解釋道，「在墨西哥家庭裡，很少有獨生子女，我沒有姐妹兄弟，所以我應該幫忙，他們需要我幫忙。」

她與母親和母親的男朋友住在市中心的小公寓裡，經常也有幾個親戚同住，這些親戚在這裡度過從墨西哥到美國的過渡時期。這學期，泰瑞莎和姑姑、五個月大的表妹合住一個房間。她搖頭嘆氣說：「寶寶哭的時候沒人睡得著。」由於她母親每天都得工作，泰瑞莎被要求載親戚去面試及看醫生，這些責任時常導致她第一堂課遲到。為了陪母親到超過兩個小時車程的診所「就醫」，她一個月有一整天無法上課。而且因為母親和親戚的英語不夠好，泰瑞莎要在他們與房東、保險員和律師會面時充當翻譯。這些家庭義務似乎都會發生在泰瑞莎最糟的時候，例如，生物課章節測驗的前一晚，她花了三小時與母親的房東爭論一張遺失的租金支票。

泰瑞莎在當地一家墨西哥餐館的工作也和學習時間產生衝突。她每週大約有三十五個小時擔任收銀員（星期三到星期五的下午四點到十點，週末全職），所以只剩星期一和二晚上有幾個小時的時間，而她得做大部分的作業。她的母親因為看到了那份工作對女兒造成的傷害，希望她辭職或減少工時，但泰瑞莎拒絕了。她正在存錢，想換掉損壞的舊型ＩＢＭ電腦。她喜歡這份工作，因為「喜歡人群」，而且老闆允許她偶爾在主要辦公室工作，並「學習會計」，這是她最終希望進入的領域。當她描述辦公室工作時，眼睛亮了起來：

我用Excel為他們建檔及輸入資料。原本我希望可以在學校學到這種軟體，但並沒有。在辦公室裡，老闆指導我使用薪資表與支付供應商貨款。他真的把業務擴大了，擁有三間連鎖店。他實在很聰明，賺了很多錢。食物價格昂貴，但從供應商那裡取得的稻米、豆類和雞肉成本不高，加上付給員工的薪水不多，所以賺很多。……我希望有一天也能像老闆一樣賺大錢，這就是我想成為會計的原因。

跟凱文和依芙一樣，泰瑞莎被「賺很多錢」的可能性所吸引，把教育視為達到此目的的手段。她對會計一職感到非常有興趣，於是報名了「新商業主題之家」，在那裡她學習以商用為主的英語、歷史和電腦課程。本課程的二十八名學生一起參加這三門核心課程，每個月到多家公司實習，學習基本商業規則，探索「潛在就業機會」（出自費爾克列斯特高中課程指南第六頁）。學生還與成人導師互為搭檔，而這些導師在學習商業技能方面提供支援，並給予面試及填寫履歷的建議。

除了商業課程，泰瑞莎還學習數學、西班牙語、生物和墨西哥舞蹈。她今年不需要修滿七門課[1]，尤其是她還有繁忙的家務和工作，但泰瑞莎選修了舞蹈課，因為一來有體育學分，二來是她喜歡學習墨西哥歷史和傳統，也覺得了解自己的國家很重要。該課程主要以西班牙語授課，除了一名學生外，其他學生都來自墨西哥，或有墨西哥裔父母。他們在自助餐廳一起吃午飯，大部分休息時間都聚在一起，總是在舞臺附近的同一地點見面。許多人是墨西哥學生會的一員，而舞蹈老師在那裡擔任顧問，大部分時間都在精心策劃全校性的五月五日節（Cinco de Mayo，墨西哥的地區性節日）。四月和五月的時候，泰瑞莎花了四十多個小時在校外協助籌備慶祝活動，還不包括她當天在學校彩排舞蹈的時間。學生們用描繪墨西哥場景的大型壁畫裝飾自助餐廳，製作了漂亮的桌布和服裝，準備供應傳統玉米粉蒸肉及米飯，並售票為舞者募集大學獎學金，最後有一百多人起身共舞。

參加舞蹈班和學生會是泰瑞莎學校經歷的核心。她花時間思考下一次演出（他們每年大約表演十五次），並在代數或生物課上默默練習舞蹈動作，她雙腳左右移動，輕輕踩著墨西哥舞的節拍。她還記得小時候在墨西哥，在全校面前跳舞時的那份悸動。雖然她形容自己「非常害羞」，但我確實見過她平復緊張情緒，帶著笑容面對廣大觀眾。她不太會用言語表達跳舞時的感受，但從她的表情和肢體動作都表現出了火花與熱情，這是她在其他課程中很少有的。

跳舞是種承諾

這是一天的最後一段時間，泰瑞莎顯然筋疲力盡了。她揉著紅腫的眼睛，拖著步伐到自助餐廳。在老師到來前，舞蹈班學生正在舞臺上練習各種動作。泰瑞莎打哈欠，穿上鮮豔的多層裙子，喇叭牛仔褲褲管在花邊裙擺下方露出。她告訴我，她對於即將在南加州舉行的墨西哥舞蹈大會「既興奮又有壓力」，擔心缺課還有歷史報告，但在去年大會上「玩得超開心」，以至於等不及週末到來。她轉身擤鼻涕，把多餘的面紙塞進腰帶，然後加入舞臺上的其他人。

老師走進來後立刻提醒全班注意。她打開音樂，仔細觀察學生為大會排練的六種舞蹈，期間沒有休息。她無法容忍任何人聊天或打混，尤其是在大日子前沒什麼機會練習的時候。她用西班牙語喊道，大家必須記住要微笑，抬起頭，思考時間安排。當泰瑞莎在「鳥舞」中走位錯誤，老師斥責她：「泰瑞莎，你今天在哪裡？」她使用泰瑞莎名字的西班牙語發音，其中有個音是泰瑞莎的密友和家人才會這樣發音的。泰瑞莎努力練習動作，即使舞蹈結尾站錯邊，她仍然微笑到最後。看著皺眉的老師，她借了一份拷貝的音樂，答應今晚在家練習。

艱苦的訓練結束後，老師接著架設錄影機，學生們從噴泉式飲水機大口喝水。兩分鐘後，電視螢幕上顯示穿著精緻服裝的專業舞者，完美演出與學生排練的相同舞蹈。「米拉！看，」老師說，「我希望你像這樣。注意手臂。」泰瑞莎興奮地用西班牙語和朋友談論要為比賽仿製專業的舞衣與珠寶，並詢問老師是否會像去年一樣，在大會結束後帶他們出去吃飯。「只有跳得完美才會。」老師笑著回答，學生期待地嘰嘰喳喳討論。接著鈴響了，泰瑞莎驚訝地說：「響鈴了？天啊！太快了。」她告訴老師，因為她必須去工作，所以放學後只能多留一個小時練習。課程通常進行一到三個小時，取決於下一次公演的時間安排。那天，老師第二次對泰瑞莎皺眉，因為今天她需要每個人都待晚一點。儘管老師抱怨，泰瑞莎與另外兩名有工作的男孩還是「提早」下課。一小時後鈴響了。

對於泰瑞莎來說，這門舞蹈課與她在學校的其他課程「截然不同」。在這堂課上，她經常忘記時間，會發現已經遲到才趕去上班，而在其他課堂上，她仰頭看時鐘，抱怨節奏太慢。在這堂課上，她可以用母語說話說得很快，和朋友咯咯地笑著，而在其他課堂上，她很安靜、害羞，而且「為她的墨西哥口音感到尷尬」。在這裡，她努力學習舞蹈動作，犯錯或跟不上時都沒有顯露出沮喪、恐慌或憤怒。她通常只是搖搖頭，密切注視舞伴，並再次嘗試舞步。雖然泰瑞莎會批評許多其他的老師，但她卻稱讚舞蹈老師：「她表現強硬和嚴格的方式很好。她讓我們幹活，就像在推動我們，但在表演後，她不會說任何負面的話，就算我們表現得還好，她也會說：『喔！你很棒！很讚！』」

泰瑞莎期望自已也能對其他課程感覺良好。新學年新希望，她對提高英語水準，以及在新商業主題之家學習商業技能和技術寄予厚望。事實上，一位指導老師推薦泰瑞莎參加本研究，正是因為她在學年初採取了「具體步驟」改善學校體驗：泰瑞莎是最早志願參加新商業計畫的學生之一，但第一個學期後，她意識到老師「並未以她能理解的方式說明」，因此特別申請轉到不同的數學班。泰瑞莎「對學術目標的承諾」令指導老師留下深刻印象。隨著學期的進行，泰瑞莎向我和其他人表明，她的期望並沒有實現。她對課程逐漸感到失望，抱怨「想在學校學到更多」。

「想要更多」：尋找承諾

＊學英語的渴望

讓泰瑞莎沮喪的主因之一，是在學英語方面有困難。她四年級時從墨西哥過來，每天被安排上一個半小時的ＥＳＬ課。她的美國小學生涯都和大部分以英語為母語的學生，在說英語的課堂上度過，她想起了無法拿到「在墨西哥時能得到的Ａ和Ｂ」時的「迷失、困惑、沮喪」。她尤其記得「感覺像個怪咖」的「孤獨感」，因為不懂這種語言。她特別忘不了一件仍困擾著她的事：

一開始學英語時，我不知道會有這種情形，但卻在小學裡發生了。我幾乎還沒開始學，然後這個女孩也只是嘲笑我說的一個字，但我認為那影響了我的想法。很多年，我很多年以來都為此感到害羞。我學英語，但從不練習……因為覺得現在的同學一直開我玩笑，我認為他們取笑我。我和朋友及家人都說西班牙語，所以我不練習英語。

泰瑞莎的情況相當普遍。她比較喜歡和說西班牙語的朋友在一起，在家也使用母語，幾乎沒有時間練習英語。因此，她擔心口音，並盡量避免在公共場合說英語。例如，她本來應該為英語課概述一篇關於「當今商業大事件」的報紙文章。但聽完朋友的簡報後，泰瑞莎懇求老師給她更多時間準備：「我還沒辦法上臺！她讓我太緊張了。她太優秀了。請選其他人。」不過，老師拒絕了。於是，泰瑞莎緊張地結巴報告完後坐下來說：「喔，老天，太可怕了。」朋友試圖安慰她：「沒事的，你一定會得A+，泰瑞莎，A+。」泰瑞莎看著她笑了起來，彷彿在說：「我們都知道那甚至連A都不到。」後來，她讓我看電腦老師給的關於溝通技巧的講義。泰瑞莎在一句話下劃線：「你的表達方式占他人評價結果的百分之七十。」她解釋：「這是我上學的目的。我不知道，不確定，嗯，想不想進四年制大學，但我想知道更多，能夠善於表達，並回答所有類似的問題。（她快速彈了一下手指）」

雖然泰瑞莎的語言技能並不如她認為的那麼差[2]，但有時確實明顯減緩了她的學習速度，尤其是在主要依靠口語授課及影音教學的課堂上。例如在生物課上，泰瑞莎經常感到迷惑並問我：「他在說什麼？」當我建議她舉手，請老師再次解釋時，她搖頭說：「不。」她不好意思因為缺乏理解而引來關注。少數幾次，她在英語和自然科學課上請求說明，但老師的解釋只令她更困惑，使她更不情願尋求協助。例如，在英語課上觀看《推銷員之死》（*Death of a Salesman*）的影片時，她變得沮喪，問老師：「現在怎麼回事？」他告訴全班同學，「這是倒敘法，講述他的回憶。」泰瑞莎點點頭，但依然困惑。後來她向我抱怨：「老師希望我們看電影，以便更了解這本書，但沒有用。電影的節奏太快了。」她寧願在家看劇，就可以用西英字典查找專有名詞，或請叔叔（當他在城裡時）幫她翻譯「又長又艱深的詞彙」。

在課堂上無法理解好笑的片段時，泰瑞莎也會變得心煩。學期間有很多次，老師開玩笑或同學低聲說些什麼讓其他人大笑，她常常感到不解，並且問：「什麼那麼好笑？」當我逐字重複笑話，她通常會回答：「我不明白。」我試圖解釋雙關語，但翻譯常會讓幽默的部分變得不好笑。這些時候，雖然不一定與她的在校成績有關，卻提醒泰瑞莎，用她的話說，她仍是個「怪咖」，除非能夠「流利地」說話，並且「完全」理解英語，才能真正達成她的目標。

泰瑞莎的書面作品是另一個讓她受挫的來源。她犯了許多拼字，以及主詞與動詞一致性的錯誤，英語和歷史老師用粗紅筆圈出這些錯誤。在課堂上拿回一篇作文時，她大聲嗚咽，意識到必須改正好多地方。她抱怨：「唉！除非改到完美，否則我的英語老師不會給分。」

我希望今年寫作技巧有所改進，想學習如何架構文章或撰寫出色的引言。他只說：「這裡有一份主題清單。」例如「狗為什麼比貓更適合當寵物？」或「說說你的房間裡有什麼？」，然後彷彿要標記出我們所有的錯誤。我不是在學習如何寫出好的報告。

雖然她改正了英語作文中被圈出的錯誤，但顯然對於錯了多少感到不安。泰瑞莎對寫作指導的品質更為煩惱。她覺得英語老師「教得不好」，隨著學期一天天過去，這種感覺越來越強烈。

她對自然科學老師也有類似怨言：

他不是很優，因為他都不解釋，只會說「讀這本書」。他還測試我們所有的小細節，然後提問，有點狡猾。這就是我的學習方式：我寫下一樣東西，例如酸或鹼，然後試圖寫出一個句子描述它。但學習的時候，我真的非常緊張，然後開始胃痛，沒辦法再學下去了。此時我試著對自己說：「這不是測驗，只是複習。」可是胃很痛，然後我無法集中注意力。接著去考試，搞砸了，因為沒學過！我什麼都記不住，只是一片茫然，無法思考。

我多次目睹她的考試「焦慮」。泰瑞莎皺起眉頭，用拳頭猛敲頭，唉聲嘆氣凝視著天花板。她在最後一刻絕望地亂寫答案，搖搖頭，又一次爛成績。後來，泰瑞莎責怪老師沒有教好；責怪自己沒學好，不知道一些單詞，責怪自己流鼻涕及睡眠不足。「這些日子以來，我不能把注意力集中在任何事情上……我不知道自己怎麼了。」

即使是她覺得相當有把握的科目，例如數學或電腦，泰瑞莎在考試時也很吃力。有一次在商業運算課寫商業備忘錄的考試進行到一半時，她驚慌失措，因為圖形程式無法正常運作。時間只剩下五分鐘時，她嘗試所有可能的方法正確操作程式。在瘋狂按下各種複合鍵後，她設法列印了所需圖形的一小部分。我問泰瑞莎：「發生什麼事了？真的很難嗎？」她搖搖頭：

不，我知道怎麼做，一點也不難，但真的太想上廁所了。我以為自己要死了，因此無法專注於電腦……而室內太熱了。哎呀！雖然我感覺很熱，媽媽也不讓我剪頭髮。她說，只要我住在她的屋簷下，就不能剪頭髮，即使我說頭髮會長回來！然後，我知道這間廁所總是壞的，但沒有時間去別間。時間安排很重要，因為如果不按時完成就會失敗。所以，啊啊啊（她嗚咽）。

我同情泰瑞莎。她濃密的頭髮垂到腰部以下，光看著就讓我冒汗。此外，這門課所在的活動房屋的確悶熱地讓人難以忍受，而最近的廁所已經壞了好幾個月。也許別的學生會要求考試延長幾分鐘，向老師解釋她的情況。也許較不恭敬的女兒會不管母親的期待去剪頭髮。但這些都不是泰瑞莎。與舞蹈課上咯咯笑、興奮的、能夠自嘲所犯的錯誤並再次嘗試的那個學生不同，我在這些課堂上看到的「泰瑞莎」焦慮、害羞、缺乏信心。她不敢發問，注意力不集中，感覺被老師與同學孤立。「要是我的英語能好一點……」她說，但沒有把話說完。她將挫折歸咎於糟糕的語言能力，儘管（對我和她來說）都很清楚，她的英語學習困難只是問題的冰山一角。

在我們花了更多的時間相處之後，泰瑞莎終於揭露了她在學校受挫的更深層來源。她承認「費爾克列斯特的很多事情讓她心煩」，以至於這位安靜、害羞的學生有時不得不直言不諱。她說：「有時……我就像個完全不同的人……因為我很抓狂，例如，希望有更好的程式，讓我們可以學到更多。」當泰瑞莎認為人們的行為「不公平」，例如學生推卸責任，或老師沒有教授具挑戰性及令人興奮的課程時，這種聲音與更加自信的一面經常出現。對泰瑞莎來說，和精通英語同樣重要的是，她渴望在學校受到「挑戰」，而這個願望讓她在學期間做出了幾個重要決定。這些決定終將使她與同儕有所區別，協助她獲得「優良學生」的名譽。

＊被「挑戰」的渴望

泰瑞莎最初決定轉投新的商業主題之家，是因為對去年的課程感到洩氣，認為「很簡單很無聊」。新的商業主題之家吸引了她，因為聚焦於商業和科技，而且學生往往可自選研究主題。然而，泰瑞莎馬上也對這些課程感到失望，抱怨三個核心課程的教學品質，並對當中幾名學生經常表現出的「幼稚」行為沒什麼耐心。尤其是有一群男孩非常不守規矩，發表不當評論以及發出粗魯無禮的噪音，還有在上課時拉下褲子，露出屁股挑釁其他學生至少兩次。第一次發生這種情況時，泰瑞莎和其他幾個女孩向（並未目睹這件事的）英語老師抱怨，男孩們被告知「停止！別鬧了。」男孩們第二次脫下褲子時，商業運算老師（年輕的新進女老師）也發出類似警告，泰瑞莎翻白眼說：「你知道我的意思嗎？他們太幼稚了，老師管不住他們。」

今年一月，泰瑞莎之前的英語老師迪克森老師在走廊碰到她，問她是否喜歡這個新課程時，泰瑞莎決定說實話。她說對某些老師感到失望，尤其是目前的英語老師。他並沒有真正教她如何寫作，他讓全班揩油。用泰瑞莎的話說，他「非常，非常老（他五十幾歲）與聾，管不住吵鬧的男生，也沒有讓他們渴望學習。」她繼續說，「他的聲音單調乏味，不知道如何讓我們玩得開心。」迪克森老師對此感到擔憂，因為新的商業主題之家才成立第一年，於是她建議泰瑞莎告訴校長這些怨言。

起初泰瑞莎拒絕了。她以前從來沒有和校長戈德博士說過話，也擔心自己去找他居然是要去抱怨。狄克森老師建議她找一群朋友一起去，但當泰瑞莎試圖說服其他幾位學生一同前往時，他們也拒絕了。他們說那樣「太丟臉了」，而且他們不想要「被攪和進去」。最後，泰瑞莎問狄克森老師是否願意陪她一起去找戈德博士談。她們一起約了時間，討論了「教室裡的紀律問題」以及「課程如何不夠具挑戰性」。校長承諾會跟那些老師談談，並告訴泰瑞莎如果「狀況似乎沒有改善的話」，可以再去找他談。

對於那些定期並且刻意與行政人員和老師們互動的學生而言，像是凱文及伊芙，和校長見面或許不是那麼嚇人的經驗，但像泰瑞莎和她的朋友這些學生通常都對於和校方接觸避之唯恐不及。除了拿遲到許可單和時間表變更之類的理由之外，他們很少踏進教務大樓，而且他們把大多數的行政人員都看成是訓導者（當惹上麻煩時才會見到的人）。因此，當泰瑞莎回顧自己決定去見戈德博士這件事時，她說很「自豪」自己去了，尤其因為她是個「害羞」的人。她承認倘若不是自己對於某些發生的問題有強烈感受的話，她是絕對不會想去開這個會的，而她很高興她「至少嘗試了要讓課程變得更好」。然而，她也很快提到，她不打算再次跟校長見面了，因為「他其實什麼也沒幫上」。

會議過後一個月，泰瑞莎依然對於課堂上失控的情況以及「作業過於簡單」感到挫折不已，她向我抱怨「覺得沒有挑戰性，也不用太努力，因為根本不需要用功讀書。」她表示她依然很忙，尤其是在那些非商業的課程上，像是生物和西班牙語，以及她在家庭和工作方面的義務，但她在商學院課程中的老師們都沒有對學生「施加壓力」。課程的步調對泰瑞莎而言簡直像是拖泥帶水。舉例來說，在英語課上，照理說應該是要寫各種不同的短篇作文的，學生們卻花了兩個多月的時間閱讀並觀看《推銷員之死》，並且花了很多時間在電腦教室裡（大多數的時間都在聊天和抱怨有多熱）。電腦課的進度更慢，因為在學習如何使用新程式的課堂上，學生們必須等老師一個個去檢查每個人的螢幕。泰瑞莎通常不到十分鐘就完成了每日規定的作業，然後在那裡上網「玩」，直到老師巡堂完畢。她感到既無聊又挫折，有時候會把頭靠在桌上小憩一番。

在歷史課上，學生們一整個學期只需要完成兩項作業，因為老師想要給他們機會集中「深入」某些主題，並成為「專家」。泰瑞莎對這種做法有所批評：「我們在歷史課上沒有任何測驗或小考，只有兩份大型報告會打分數，而且我們不是去圖書館，就是去電腦教室，或是看電影……所以我們根本沒有學到歷史。」另外，雖然泰瑞莎喜歡可以自行挑選報告的主題[3]，但她覺得很「奇怪」，因為這學期對美國歷史的唯一知識，居然是來自於觀看各種二次世界大戰的影片，和聆聽學生們那些簡短、毫無系統的報告，而且報告主題五花八門，從汽車的歷史到女演員露西．鮑爾（Lucille Ball）的生平都有。她不明白老師為什麼不逼學生學習電影和報告中所提供的訊息，她認為這代表那些訊息「並不重要」，否則應該要有小考才對。雖然她很感激這門課是商學院三門課中唯一一堂和傳統高中安排的課程中，在內容和架構上有所「不同」的課程，但她也擔心錯失了自己想要學到的那些「基本事件和訊息」。舉例來說，在觀看過兩部畫面驚悚的猶太人大屠殺電影之後，泰瑞莎顯然對其中的暴力感到難過，她問我：「為什麼每個人都要殺光猶太人？這是我第一次聽到這件事。」[4]

除了對課程和步調的挫折感之外，泰瑞莎也很憤怒某些老師「對學生不公平」。事實上，她有好幾次都對於一些不適合或不公平的行為公然表達意見，這點也令其他師生感到訝異。舉例來說，在學期初，當一群學生告訴歷史老師說，他們還沒有準備好可以口頭報告時，泰瑞莎就大聲喊道：「給他們F吧，葛雷迪老師，他們已經有過很充分的時間了！」她很不高興，因為她和她的夥伴是熬夜把報告弄出來的，當然也希望能有多一天的時間準備得更充分。她想要其他學生也能堅持同樣的標準。老師揚起眉毛看著泰瑞莎，然後對大家說：

班上有同學給了我壓力。如果這發生在外面的職場上會怎樣？我們想要你們學會的是事情的先後緩急。我們何不讓全班同學一起來決定該怎麼做？到底為什麼會遲交？

那個小組中的一位成員抱怨：「印表機出問題把報告搞砸了。」泰瑞莎則憤怒地說道：「印表機沒有問題。他們在說謊。」現場的另一些同學也開始吼道：「對，葛雷迪老師，他們說謊。」泰瑞莎引爆了一場教室中的爭執。「給他們F，」她繼續說，「他們已經有過很充分的時間了！」老師終於決定用讓全班投票表決的方式來結束這場災難。因為只有四位學生（那天總共有十九位）同意泰瑞莎的說法，認為那些學生應該被當掉，於是那組人獲准在隔天報告，並且因為遲交而扣掉半分作為懲罰。下課後，泰瑞莎依然很生氣：「不公平。他們應該被當掉的。」

她在學期中進行第二次歷史課的小組報告，討論發生在盧安達的衝突時，也用了同樣憤怒的口吻：

我們的小組真的很散漫，他們說要碰面，結果從來都沒有。我真的很生卡拉（小組中她的一位朋友）的氣，我們本來說好要碰面一起做報告的，結果她離開圖書館的時候把報告一起帶走了。然後我去了她家，她又說報告不在她那，說她給何蘇斯（另一個學生）了。所以我真的很氣。我超氣的，在我去她家之前，我跑去找葛雷迪老師談，然後說：「葛雷迪老師，她應該要等我的，結果她並沒有，我真的很厭倦所有事情都是我在做，也很厭倦要告訴他們該怎麼做。」

有一次我告訴何蘇斯列舉出一些衝突的例子，然後他說：「我有做，我有做，但我忘了。」連續四天都這樣，「噢，我忘了，我忘了，可是我有做。」然後最後一天的時候我很生氣，因為他沒有帶來，那時我才知道他根本沒做，所以我只好開始做。

他們就好像，那叫什麼來著，當你……嗯，他們就像，嗯，期望我會做所有事，或是他們知道如果他們什麼也不做，我就會攬起來做，他們就可以靠我。我就是那樣告訴葛雷迪老師的，因為如果他們什麼都不做還可以拿到A或B，那實在太不公平了。

而且我不認為我的報告有那麼，那麼好，因為如果我們所有人，我們三個人都能夠一起合作的話，或許我們可以做出好東西來，因為，嗯，我實在沒有時間，三小時或四小時，而我必須坐在那裡做整份……所有報告，或是，我還有其他作業要做，所以我真的不覺得做出來的東西會好到哪裡去。

在進行盧安達報告簡報的當天，泰瑞莎不想在大庭廣眾面前說話，因此她指示卡拉大聲把報告唸出來。卡拉拒絕了，簡報的時候沒有和泰瑞莎及何蘇斯一起站在全班面前。葛雷迪老師問：「卡拉，妳不是這組的嗎？」卡拉回答道：「是啊，可是泰瑞莎什麼都不讓我做。她不讓我唸報告，也不讓我在這項作業中做任何事。」泰瑞莎反駁道：「才不是這樣！是妳不想唸，什麼事都不想做。都是我和何蘇斯做的。」下課後，泰瑞莎是這樣說卡拉的，「她很生氣我當著全班的面那樣說，她說我應該換個方式說的。現在她不跟我說話了。但我說的是實話。」後來她得知那份報告她拿了A，何蘇斯拿了B，卡拉拿了C。她很高興葛雷格老師聽了她的抱怨，「公平地」打了分數。

在這些情況中，泰瑞莎都覺得自己「一定要把話說出來」。儘管她個性害羞，而且英語也不是太流利，泰瑞莎依然下定決心說出那些在她看來「不對勁或不公平的事」。她強烈主張在學校裡「每個人都應該做好自己份內的事」：老師應該要維持好班上的秩序，為他們的學生設計出有趣和具挑戰性的課程規劃；相對地，學生也應該要對老師和同儕表現出尊重，並且努力在規定時間內完成小組作業。此外，如果商學院的目的是要幫助學生做好未來就業的準備，那麼，根據泰瑞莎的看法，他們最好應該要逼學生對自己的行為負責，開始教一些「在未來的真實世界中有用的內容」。今年她原本希望能夠提升她的寫作能力和口語能力，學習「更進階的電腦技能」，並且練習在報告的時候使用多媒體技術。雖然她在商業課程中曾經做過這些，她卻覺得「今年好像都浪費掉了」，她原本可以學到「更多東西」的。到了五月的時候，泰瑞莎很認真在考慮明年不要繼續待在商學院。她曾經和校長及歷史老師談過試圖協助「讓課程變得更好」，但此刻的她「實在不認為該課程的未來能有什麼指望」。

諷刺的是，就在泰瑞莎覺得今年一整年都「浪費」掉的時候，她收到了一封邀請她去參加「學生表揚之夜」的信，這是一個讓所有老師正式表揚那些「表現優異」學生的活動。她對於被邀請這件事真的感到很驚訝：

當我收到信的時候，我說「我嗎？」我非常驚訝。為什麼是我？葛雷迪老師問我會不會出席。他說我應該去，嗯，說他之後會跟我解釋。露辛妲（泰瑞莎的一個墨西哥裔朋友，修的大多是榮譽班的課）也收到了。她說她不會去。她說妳得和那些沒有得獎的人分開坐，而且妳得盯著所有那些白人學生看，臺上沒有其他墨西哥裔的人，所以妳會覺得很蠢。那裡的白人學生都會聚在一起，妳也知道的……我記得我那天晚上好像要工作，再看看吧。

一週之後，我們聊到了那個夜晚。泰瑞莎沒有出席，葛雷迪老師替她領了獎。我問她獎狀上具體寫了什麼，她不好意思地漲紅了臉。她低下頭看著地面說：「嗯，好像是商學院優異學生獎。」我很替她開心，想要知道更多：「恭喜！妳告訴任何人了嗎？妳告訴妳媽媽了嗎？」她依然低著頭回答道：「嗯，好像只有兩個人得獎，所以她很興奮，還說要把它裱起來掛在我房間。」我問：「妳感到很驕傲嗎？」泰瑞莎嘆口氣說：「其實沒有。」她解釋道：

要進入商學院其實很簡單，而且其實感覺有點是，對啦，我是都拿了A，但應該要更難一點的，這樣或許我就會感到驕傲，或是，噢，我做得很好。……我感覺自己好像不配得到這些好成績。我並沒有很用功、也不為自己感到自豪。明年我想要更用功一點，拿到4.0。雖然會很困難，但我希望自己是值得的。所以我才沒有去參加頒獎晚會。我其實很不好意思。如果我工作要請假其實也是可以的。

泰瑞莎在此又提到了學校所應該擁有的形象。她認為學校應該要是一個讓人必須要掙得好成績，值得領獎狀的地方。就像卡拉在盧安達報告這件事上，她沒有做到份內應該做的事，因此如果拿A是「不公平」的一樣，泰瑞莎認為接受商學院優異學生獎卻沒有「努力」取得這項榮譽也是不公平的。她想要被挑戰，在課堂上有參與感，她想要覺得自己值得她拿到的成績和榮譽，而且她想要對自己在老師和同儕面前的表現感到自豪。和商學院中許多無禮、沒有規矩的學生，也就是那些經常不準時交作業或完全不交的人相比，泰瑞莎或許顯得「表現優異」，畢竟，她算是個安靜的人，幾乎從來不會遲交作業。然而，泰瑞莎並沒有興趣和這些同儕比較，她想要的是因為表現優異而被表揚，而非只是達到課程要求。

泰瑞莎和她同班同學，甚至和凱文及伊芙那種雖然也很努力追求成就，但絕不會拒絕這種榮譽的學生最大的不同點，或許就在於她想要學習和為目標努力的渴望。凱文和伊芙在學校中大多數的經驗都花在「千方百計」地構思策略以便取得好成績和名次，完全不顧他們是否學到了什麼，但泰瑞莎想要尋覓的學校課程卻是那種「很難」學得好，但她相信自己可以做到，因此激勵自己更努力學習的教材。泰瑞莎大可以在她的商務課程中自己創造出具挑戰性的學習機會。她大可以逼自己寫出優秀的報告，並且做到超出基本要求的範圍，但她幾乎一整年都在生病，她有家庭責任，她在一家餐廳打工，而且她很疲倦。她解釋說她實在沒有想要用功的動力，因為她知道那是「沒有必要的」。

當然，想要表現出一個樣子和實際上實現那些期望是兩回事。舉例來說，當泰瑞莎的其他一些非商業課程像是生物課和代數變得越來越難時，她就慌了。但她並沒有更用功去面對那些挑戰，更充滿動力地去學習那些教材，反而採取了「絕望式」的行為。她用作弊和抄襲來補救她的成績。這些行為讓她感到很矛盾，因為，一方面來說，她想要「專注在學習上」而不去擔心成績，但她也想要「有良好的表現以便能夠上大學」，而且她認為那些C和D的成績會拖垮她。

＊想上大學的渴望

雖然泰瑞莎渴望「被挑戰」和「被施壓」要更用功讀書，可能是她和同儕，以及像凱文和伊芙這種學生不同的地方，但她想上大學的欲望，最終卻讓她的表現和那些以成績為導向的學生沒什麼兩樣。和凱文與伊芙一樣，泰瑞莎也提到了關於犧牲、妥協信念，以及做出自己不引以為傲的事。就算她無法全心投入所有課程，至少她試圖將成績維持在不會讓她無法達成自己目標的程度。她是這樣解釋的：

我今年在生物考試中作了三、四次弊，因為，嗯，我叔叔回墨西哥了，所以不能幫我，看到我的成績下滑……我也抄了很多數學作業，因為只要交作業就會加分。我知道那很不好，不應該這樣。我真希望自己不要那樣，可是，因為（停頓了一下），我想要未來。

我問她是否認為自己還會再作弊，而她就跟凱文一樣點了點頭。「就是如果我沒念書的話，而且，我還是想要拿到好成績。我帶小抄進去的時候其實很害怕。我也不喜歡那樣，但是……（她聳了聳肩）。」

泰瑞莎經常會和她的朋友一起精心策劃作弊策略，例如偷溜到廁所去策劃作弊的手勢（一隻手指平放在桌面代表要選A等等），一起密謀在第七堂課補考，因為那時候老師通常會忙著在資源教室裡說話，所以根本沒空注意在那裡考試的學生不老實。不過，通常作弊是沒什麼效果的，因為她的朋友幾乎和她一樣都沒準備。她承認她的小抄因為字很小，所以有時候也派不上用場。因此，儘管泰瑞莎試圖顛覆體系，她依然會拿到不盡理想的分數，而她擔心自己明年必須表現絕佳才能被一所州立大學錄取。她感到很挫折，不僅是因為她覺得自己必須犯規才能在學校成功，同時也是因為這種行為「根本無法幫她」拿到想要的成績。

這份矛盾在西班牙語課上格外明顯，泰瑞莎這學期在那堂課上拿到有史以來的最低分D+。她緊張地咯咯笑了一下，說她媽媽不明白為什麼她明明會說這個語言，居然還會拿到如此低的分數，但泰瑞莎把這點怪罪在自己缺了很多堂課，以及從未認真聽講上。相對地，她大部分的代數和生物學作業都是在西班牙語課上寫的。雖然其他學生（大部分都是母語非西班牙語的人）常常被老師要求把其他堂課的教科書收起來，但泰瑞莎和幾位同儕卻公然被允許在課堂上做別科的作業。當我問起這種特別待遇時，泰瑞莎回答：

老師只在乎班上的四個人，而且他們都是白人。理卡多也同意。他說P老師對墨西哥人有種族歧視，因為她是古巴人。（泰瑞莎微笑一下）沒有啦，開玩笑的，那樣說也是種族歧視！可是她真的只會喊那些人。而且那些白人小孩一天到晚都在做口語練習，我們不用，所以其實有點無聊。

在一整個學期中，我注意到只有少數幾位學生（大多數都是「白人」）固定被安排進行西班牙語練習。泰瑞莎很少被叫去加入課堂參與，而理卡多則每天都可以在他的課桌前閱讀《動物農莊》（*Animal Farm*）而從來沒有被正視過。泰瑞莎知道她應該要多用功、多專心聽課，但她感覺老師好像對她不太感興趣，此外，她也需要時間去完成別科的作業。泰瑞莎和P老師（還有其他幾位西班牙語母語的學生）似乎建立了一種心照不宣的互不干涉「條約」：妳不來煩我們，我們就不去煩妳。只要泰瑞莎安靜地在她的課桌前寫她的數學或科學作業，對P老師無所求，老師就不會叫她或是要她把作業收起來。

隨著學期末的腳步逼近，泰瑞莎決定要違反那項條約。她決心要補考那週稍早時她沒有考到的一項重要測驗。P老師拒絕了，「不，課堂剩下的時間不夠。」幾分鐘後，泰瑞莎走到老師辦公桌前，一把抓起測驗卷，完全不理會老師的回答。當老師終於注意到泰瑞莎手上拿著考卷而且已經開始寫答案時，她揮揮手嘆口氣說道：「噢，好吧，妳考吧。寫不完的話明天再繼續也可以。」泰瑞莎微笑一下，對於自己的小勝利感到很滿意，但當她看到其中一些超難的題目時，立刻發出了呻吟。

接下來那週，泰瑞莎悄悄跟我說，她打算「做一件壞事」。除了那些媽媽幫她請假，和家庭因素相關的遲到和缺席，泰瑞莎在西班牙語課也累積了很多次的無故遲到紀錄，從睡過頭到測驗日蹺課都有。事實上，她遲到了很多次，她擔心很可能會被這門課踢出去。她等到老師在教室另一頭指導一組學生的時候，小心翼翼地溜到辦公桌旁，找到了簽到簿，偷偷在本子上把幾次的遲到紀錄擦掉。她回到座位上，滿臉罪惡地微笑一下，然後聳聳肩說：

噢，天哪，我真的很想準時到學校，可是路口那個死紅綠燈超久的，然後又有一大堆車等著開進停車場……（我點點頭。我也曾經被困在那條大排長龍的車隊中，得用跑的進教室。）因為我媽會幫我請假，所以星期六我不用上學，可是如果他們要把妳踢出那門課的時候就不行了。她會很生氣地罵我，但我星期六從來都不用去[5]。

泰瑞莎有所不知的是，只要她母親幫她請假，讓她星期六不用去上學，她是不會被踢出去的。只有那些幾個星期六應該要去上課，但沒有出席的學生，才會被某些課程退學，所以泰瑞莎冒險做的事根本是白做了。儘管如此，她對自己決定擦掉遲到紀錄的事感到很不安。她事後告訴我說，學校對遲到的政策規定是「對的」，那是「很好的規定」，但是，就和她對作弊的觀點一樣，泰瑞莎還是覺得有必要冒險把紀錄擦掉。她知道自己應該要準時到校，也知道她不應該採取作弊和其他不誠實的行為，只為了在學校表現良好。她說她不喜歡做那些事，但還是選擇那麼做了，因為她認為她的大學生涯全靠這些了。

有意思的是，泰瑞莎並不知道自己慣用的某種省時手段是在「作弊」，直到一位朋友和我告訴了她。她自誇地說她的英語課期末作業要寫的是西薩．查維斯（Cesar Chavez），這是她心目中的一位英雄，她在國中的時候曾經寫過一篇關於他的報告，還拿了A，而那份報告和口語簡報所用的海報也都還留著。她的朋友露辛妲，也就是那位資優生解釋說，使用這份報告嚴格說來其實算是作弊，因為泰瑞莎在她的報告中從未引用她的資料出處：「這就跟從書本上抄襲文字一樣。」泰瑞莎看起來很訝異，要我證實這一點。我向她解釋了抄襲的概念，但她依然不怎麼信服。她問道：

在大學裡，如果妳從書中抄襲，然後放進妳的報告裡，他們會生氣，甚至會知道嗎？……但他們怎麼會知道呢？尤其是如果改成用我們自己的話說出來的時候？我是說，我們或許會用一半自己的字眼、一半書中的字眼，但我們還是得弄懂它。我覺得這樣應該可以吧，妳不覺得嗎？

當我搖搖頭的時候，她看起來很震驚：「可是大家都抄書啊。他們在班上沒有教我們這個（意指抄襲）[6]。」雖然泰瑞莎說這種對學術常規方面的無知，再次代表了商學院沒有幫助學生做好面對未來準備的例子，她還是決定要用初中時所寫的那份關於查維斯的報告，儘管我們警告過她了。畢竟，這是期末報告，是整學期最重要的一份報告，而且她沒有時間去研究然後寫另一份報告。

正如泰瑞莎在歷史課的情緒爆發似乎和她平時害羞文靜的性格相沖，這些作弊事件似乎也和她對公平，以及自己是否值得被表揚的理念相牴觸。她知道這些矛盾，雖然她不確定自己是否想上大學，她仍覺得有義務要為自己保有選擇的餘地。她認為上大學就有機會當上會計師「賺很多錢」。她在學校的輔導老師也推薦她去上「大學預備」課程。她的母親勸她考慮念大學。就連她在餐廳的上司也訓斥她關於繼續受教育的重要性。泰瑞莎想要專注在學習以及感到有挑戰性，她想要表現出一種似乎「正確」而且「公平」的樣子，但她也「想要未來」，而且，由於家裡和工作的時間安排、經常生病、老師和課程、大家普遍著重的大學入學要求，以及各種超出泰瑞莎能掌控的因素，這些多重欲望似乎是互相矛盾的。即使當她試圖想要改變某些因素，舉例來說，當她在歷史課上勇敢直言、去找校長、不去參加頒獎典禮，她都覺得這些努力是徒勞無功的，她無法「讓課程變得更好」，而且最後她放棄了，選擇去他處尋找更具挑戰性的課程安排。

五月的時候，她問了一位朋友關於學校所提供的一門每天四小時的特殊課程，叫做「社區計畫」（The Community Project，簡稱 TCP），每學期學生可以根據他們自己選擇的核心主題來設計小組作業[7]。這位朋友大力推薦這門課程，因為她和各種不同的學生都當了「至交」，也因為學生們「對他們所學的也很能發表意見」。今年到這個時候，在被舞蹈課上的一些學姐們排擠之後，泰瑞莎非常渴望「在學校結交到墨西哥人以外的真正朋友」。她不喜歡費爾克斯特高中裡學生們「隔離」的情況。她也認為她可能會喜歡和那些願意做好自己份內工作的學生一起進行大型團體作業，但她依然拿不定主意要不要加入那個課程，因為她不想要「再次犯錯」，換到一個會讓她失望的課程：

噢，天哪，我不知道該怎麼辦。我喜歡做那種有很多時間的作業。我喜歡做自認為重要的事，所以我可能會去社區計畫，但妳認為大學會覺得那可以嗎？我不知道該怎麼辦……我很討厭做重大決定。我只想知道大學會怎麼看待這件事，還有在成績單上會不會好看，我可以從商學院拿到好成績，因為那很簡單，但我想要學到更多東西……我想要上州立大學，所以我想知道社區計畫是否能夠和一些大學的必修學科相抵。

除了擔心大學入學標準之外，泰瑞莎也擔心加入這門課程的都是哪種學生，而這項擔憂引發了對於刻板印象和階級差異的討論。這個主題是該學年中到目前為止，泰瑞莎一直避而不談的：

我的一些朋友說社區計畫裡都是同性戀。應該不是真的吧？我知道那不是真的，但是，噢，我不知道我該不該申請。他們也說商學院的學生都是怪人，還有，嗯……說他們都很蠢。然後我說，至少我不是怪人。我是說我可能是這裡面唯一正常的（她環視四周一下）。我是說……商業課程真的很簡單，可是大家還是學得不好。

我覺得每個人都對這個課程感到失望。我覺得明年之後這個課應該就開不下去了……因為我不認為他們在這個課程上下了功夫。因為妳知道那些有錢人……都會贊助學校，所以他們希望他們有更多的孩子能上大學……而這個課程，裡面的人都是住在市中心的（一個在她眼中並不富有的地區），而我認為有錢人都會贊助學校，而且妳知道很多拉丁裔的人來這裡，而他們的父母並不像這些人一樣有很好的工作，所以他們付很少稅或錢，我不知道，我覺得原因就是那樣。

我問：「妳認為那些有錢的學生在這裡受到不同的待遇嗎？」泰瑞莎回答道：

我認為那些來自那裡（有錢地區）的家長不喜歡，也不在乎這個商業課程，但是如果這個課程只開給白人的話，就會完全不一樣。

就像泰瑞莎對學校應該是什麼樣子持有強烈的看法，她對於學校的「樣子」也很有意見。這段對話，就和先前她提到在頒獎之夜關於白人和墨西哥裔學生，還有她說西班牙語老師有「種族歧視」時一樣，都顯示出泰瑞莎認為白人和墨西哥裔學生在學校的待遇是不同的。她把一些特質，像是白人、財富和權力（至少是能夠決定學校課程安排的權利）都和住在郊區的學生產生聯想。她也認為一個人繳多少稅金，和學校讓誰教哪一堂課，或應該在課程中教哪些教材是有影響力和某種關聯的。她深信榮譽課程和其他那些班上比較多「白人」學生的課程都是「比較好的」，因為「白人家長」想要確保他們的小孩能夠上大學，所以會「確保」課程是「好的」[8]。

當我們討論她的父母對大學的看法時，泰瑞莎承認她母親想要她上大學。她說母親過去都會「逼她做完作業或是拿到好成績，否則夏天時就不帶她去墨西哥」。現在泰瑞莎上高中了，她說她母親也很少逼她了（除了偶爾會唸一下她的西班牙語成績之外）：

> 她很在乎我的成績，但她並不會說「噢，妳一定要拿A，妳一定要拿A。」她會說⋯⋯「如果妳不在乎妳的成績，以後倒楣的會是妳自己，所以如果妳不想做作業，或是不想負責任⋯⋯以後的後果自行負責。」
>
> 我認為她知道我會做作業，我是負責的。而且我認為我想上大學，但現在這也是問題所在，我很害怕因為錢的關係沒辦法上大學，所以我覺得，噢（她把頭埋在雙手之間）。

泰瑞莎認為她和她那些可能不想上大學的墨西哥裔朋友不一樣，因為她母親從小就鼓勵她，並且教她要思考未來。她補充道：

> 我認為這和成長過程有很大的關係，還有像是家庭那方面的東西。我不是說我很成熟，但我的朋友他們都不太成熟，而且不會去想未來……他們不想擁有未來。或許我比較成熟，是因為我是唯一一個沒有兄弟姐妹的。

正是這種對「未來」的意識，終於幫助泰瑞莎下定決心去申請社區計畫。她希望該課程能夠幫助她「結交到更要好的朋友、變得較不害羞、把英語學得更好」，同時也能夠讓她覺得「有挑戰性」，並且「學到更多東西」，好讓她未來可以上大學（如果她能想辦法支付學費的話），擁有一份「高薪工作」。雖然她依然擔心大學不會「喜歡」她更換到一個非傳統課程的決定，當她知道如果課程不符合她的期望，她「永遠可以選擇退出」的時候，她就放心多了（無論大學可能會對此有何看法）。然而，即使在似乎解決了是否加入社區計畫這個問題後，泰瑞莎又開始搖擺不定，沒有出席按規定要和老師進行的面談。後來是泰瑞莎在說服了她的舞蹈老師（剛好是社區計畫老師的未婚妻）替她出面交涉後，她才拿到了第二次面試的機會。

這種矛盾的行為，對於一個有這麼多不同面貌的學生而言並不令人驚訝，而我也意識到很少有人明白泰瑞莎的生活有多麼複雜。有些老師知道她在打工，家庭責任也很重，但很少人知道她一天要做多少事，以及這些責任對她的學業有多嚴重的負面影響。有些人只看到她害羞的一面，於是當她開口抱怨時會感到驚訝；有些人，就像那位推薦她參與本研究的輔導老師，看到的則是一位在課業上認真用功，而且努力想要改善學校經驗的學生；有些人看到的是一位在商學院都拿A，而且榮獲「優異」表彰的學生；還有一些人，就像她的西班牙語和科學老師，看到的則是一位經常缺席，成績總是低空飛過的學生。很少有人聽說過她想要被挑戰和激勵的論點；更少有人聽過她對大學和未來的擔憂。自始至終，泰瑞莎都沒有放棄她想要從學校得到更多的夢，甚至有時會勇敢直言或是去尋找「更好的發展機遇」。雖然她不覺得自己在舞蹈課上所做的事和想要從學科中得到的有相關性，但她似乎很清楚自己在尋找的是一個空間，讓她能夠感到自在而自由表達意見，能夠對自己犯下的錯誤一笑置之，並且獲得足夠的鼓舞想要把音樂帶回家，然後把舞步練到完美為止。

1　她一年修六個課程就可以完成高中畢業要求和大多數的州立大學要求（費爾克斯特高中課程指南，p.iii）。

2　舉例來說，如前面所提及的，她能夠為家族成員擔任翻譯。此外，她在歷史課的口頭報告也拿到了幾次高分。

3　學生被要求為第一次報告選擇關於「美國發明」的研究主題，第二次報告則是關於「衝突」。

4　或許如果有人能夠幫助她理解電影的起因背景，或是向她解釋戰前與戰後所發生的事，她就能夠對這個歷史時期更加了解。有些學校改革內容提倡的是減少作業及另類的評估策略（請參見例如泰德．賽瑟的基本學校聯盟〔Sizer, 1984, 1992〕），但在這間教室中，「少即是多的理論」似乎無法衍生出老師所希望的深入知識。其中一個理由或許是因為學生不覺得有必要去「學習」資訊，除非要考試。

5 星期六去上學是一種專為那些累積了四到六次無故缺席或是至少十二次無故遲到的學生所訂的懲罰方式。這些學生在當天大多會打掃校園或是寫作業。泰瑞莎「避免星期六去上學」的方法通常是請她母親為先前的無故缺席寫假條。

6 我第一次聽到泰瑞莎的一位老師用抄襲這個字眼，是在接近學年末的時候（5月20日）。老師批評了一個小組的歷史報告並表示：「這些學生並沒有分析他們的觀眾，他們太籠統了。他們的報告太長，而且是抄襲的，他們是從資料來源抄來的。」這是我在該學期中唯一一次聽到這樣的概念，而且根據我所看到大多數的報告，大部份的學生都尚未真正學會如何正確使用引述。因此，泰瑞莎的說法似乎是正確的。

7 泰瑞莎知道我在追蹤觀察一位社區計畫中的學生，這也讓她對該課程產生了興趣。我告訴了她一些關於課程安排的事，而這也讓她去向一位參加該課程的朋友詢問更多資訊。

8 雖然她宣稱她能看出在商學院及社區學生身上的錯誤刻板印象，但泰瑞莎卻不明白她或許在發揚光大的其實是對「白人」學生的刻板印象。她的說法都是根據從同儕那裡聽來的傳聞：有超多白人學生參加了頒獎典禮之夜、有超多人加入了榮譽課程、那些「富人」子女的家長有辦法用錢買通大學等等。學校並沒有統計資料能夠證實或否認這些假設，而雖然我自己的觀察也證實了榮譽課程中的墨西哥裔和非裔美籍學生較少，但提出這些問題並不在本研究的範圍。我的重點是去紀錄泰瑞莎對於在費爾克斯特高中一些不公平行為的觀感，並且傳達她對於商學院為什麼不如預期有效的理由所持的觀點。欲了解更多學生對於學校中種族關係和種族歧視方面的見解，請參見戴維森（Davidson, 1996）、瓦倫瑞拉（Valenzuela, 1999）、麥克里歐德（MacLeod, 1987），以及派希金（Peshkin, 1991）。

第5章 蜜雪兒 · 史賓斯：保有好奇心？

在一個涼爽的三月午後，蜜雪兒坐在空無一人的橄欖球場靠近最外圍的看臺上，一邊玩弄著褪色喇叭牛仔褲上破洞邊緣的鬚鬚。她將一頭蜜糖色的長髮從臉上撥開，面帶微笑地回憶起三年級到八年級所就讀的那所小型私校的「家庭氣氛」：

每一個年級都只有大約十七個學生，我們都會直呼所有老師的名字，他們也都把你像人一樣看待……那就好像一大群朋友一起學習，如果你哪裡出錯了也不是什麼壞事，只要再重新做一次，把它做對就好了。大家的程度都各不相同，也沒有被分發到不同的班級。我們全部都上同一個班，如果有人落後了，他們會特別指導那些人，推他們一把……

而且他們一天中有相當於三堂課的自由活動時間，讓我們可以編織、烹飪、玩藝術、科學、音樂、陶土等，應有盡有。這些活動都可以單獨進行。在六個小時的學校生活中，有一半的時間都在探索和從事這些活動……你可以盡情發揮想像力。

我認為我之所以很愛它，是因為它不是那種有壓力的學習體系，讓你覺得你一定要學習。也就是說，那一整個體系比這個（高中）要寬鬆多了。我們經常去露營和校外教學。雖然（它）很寬鬆，比這裡更悠閒，可是卻好上一百倍，因為每個人都想上學，每個人都想做我們在做的事……在那裡，學習是更有樂趣的，而且你甚至不知道自己在學習。很自然就發生了。

對蜜雪兒而言，她所就讀的小學所提供的那種小型、親密、以探索為導向，讓你「甚至不知道自己在學習」的環境代表的是一種「理想」，和她高中前幾年的經歷相比大相逕庭。她形容自己從荷里森小學轉到費爾克斯特高中的過渡經驗有多麼「令人極度恐懼」。置身於一所大型公立高中，沒有好友相伴的她感到十分失落，而且擔心自己無法趕上其他學生。過去從未被評分的她，感受到的是成功就是在「必須拿到A+的焦慮」和「整個體系所帶來的壓力」之下得來的：

你會覺得，如果沒有好成績就無法上好大學，很多壞事都會發生在你身上，例如你是壞學生或你很笨之類的。那種感覺就像是，如果你成績不好，就不可能在社會上成功。而且……因為我是完美主義者，我無法允許自己拿到低於A+的成績，因為我知道我是拿A的潛力股人士。……只是，我總覺得一定要拿A，這個測驗我一定要拿A，一定要做完所有作業，我一定要做每一件事，結果我就壓力破表了。

她很懊惱自己當初覺得需要和其他同學爭高分，而且相信每當她考高分或是在課堂上答對問題時，許多同學都會討厭她。她表示自己在高一那年「與一些人樹敵」，因為有一次她拒絕告訴幾個同學數學測驗的答案，從那時起，她就試著在同儕面前掩飾她的成績。在一些她被公認是「萬事通」的課堂上，她決定用「乖乖坐在那裡聆聽」的態度，刻意不問太多問題。她不習慣這種學生認為他們必須作弊取得好成績的體系，也不喜歡掩飾自己對課本內容感興趣，「真的很想好好學習與互動」的事實。

高二上學期過完後，蜜雪兒發覺她需要做些改變。她修了七門課，其中一門是榮譽課程，而她每天晚上至少要花五個小時做作業。她發現自己「一天到晚都為了想要努力完成所有事的壓力而哭」，而且她在考慮輟學。她姐姐比她大兩歲，剛上高二不久就從費爾克斯特高中休學了，後來通過美國高中同等學力測驗，目前正在當地的社區大學修課。蜜雪兒知道她姐姐對於離開費爾克斯特高中的決定很開心，但也後悔「錯過了高中畢業舞會和其他高中生的活動，這些都是那些輟學生後來回顧時希望自己當年有機會經歷的。」蜜雪兒想要確定自己所做的決定是正確的，因此向父母以及幾位老師尋求建議。最後，是她的戲劇老師說服了她留下來。

蜜雪兒「甚至不知道費爾克斯特高中有戲劇科」，直到高二的第一個學季。她「一向很愛演戲，還為荷里森小學的家長表演小班話劇——不是那種很專業的，就是好玩而已。」她在剛升上高二那年嘗試參與一齣話劇，得到了一個小角色。那齣話劇是由佛嘉蒂老師，一位新來的年輕戲劇老師導演的，而她注意到了蜜雪兒的天份。她告訴蜜雪兒她有可能被學校更多齣戲選中並參與演出，而這就是她應該留下來的原因。她也告訴蜜雪兒這所高中學生的多元性提供了一個大好機會，能夠學習如何「與他人溝通」和取得「社交技能」，而她「在這樣的環境中能夠學到很多社會經驗。」

蜜雪兒覺得她老師的論點「很具說服力」，但也說她決定留下來的部分原因是出於恐懼，她「非常害怕做錯決定會後悔終生」。

> 我是那種會做一件事一陣子，然後，有很多時候，如果這件事沒有帶給我滿足感，我就會放棄。就像騎馬，我之前騎得很不錯，但後來我覺得沒興趣就不騎了。還有籃球，我在高一的時候進了校隊，我今天剛好回想起這件事……想說，天哪，如果我沒放棄的話，現在應該很不得了……所以我決定要試試這門（新）課程，如果不喜歡的話，我就會說「我不上了。」

蜜雪兒之所以害怕做錯決定，部份原因是因為她知道自己經常在覺得某個活動無趣之後就放棄，而事後通常會後悔自己的行為。但她所感受到的恐懼和脅迫也是出於一個概念，那就是高中時期的成功，和將來人生的成功是緊密相連的。就像凱文和伊芙一樣，蜜雪兒也承受了要拿A、要發揮「潛力」，才能確保擁有幸福的未來等極大的壓力。她壓力破表，知道自己必須抗拒這個讓她感到過度壓力的體系。她覺得很幸運，因為學校提供了社區計畫，讓她得以留下來念高中，同時選擇退出一個讓她如此不快樂的體系。

蜜雪兒受社區計畫吸引的理由，和泰瑞莎的其中幾個一樣。她喜歡從事團體合作的方案，喜歡「和同學合作而非互相競爭」，也喜歡能夠「設計自己的教學課程」。她姐姐在九年級時也曾加入社區計畫，也就是她輟學的前一年，所以蜜雪兒在決定申請之前，就對這個方案有相當程度的了解。她知道社區計畫很小（上限為二十五位學生），上課時間為每天早上八點到中午十二點，而且老師喜歡學生直呼他的名字。她知道課程提倡的是「自發性的學習」，並鼓勵每位學生除了學習學校規定的課程外，都應該追求成績之外的個人興趣。雖然該課程的老師理查在每個學季末替每位學生打了成績，但他也是在和學生們討論過他們覺得自己應該得到什麼成績後才打分數的。除了這些每學季的成績之外，課程中沒有其他要打分數的作業。當蜜雪兒得知自己被獲准在下學期進入這個課程時，她十分興奮，因為社區計畫是和荷里森小學最相似的高中課程。

另類課程

二十年前，理查老師在一小群學生、家長和行政人員的協助下開辦了社區計畫，他們想要的是一所能夠「更加有效觸及學習者本質」的學校。根據「賀伯．寇爾（Herb Kohl）的開放式課堂精神」，以及「強納森．科佐（Jonathan Kozol）、喬治．布朗（George Brown），以及約翰．杜伊（John Dewey）的著作」，理查表示，社區計畫並非只是費爾克斯特高中的一門課程，「它本身就是一所另類學校」，旨在成為：

> 和傳統學校截然不同，……在自由、對情緒的敏感度、探究教學法、行政結構（從課程安排到課程預算，學生和理查在每件事上都會共同分擔決策責任），以及它對學習者在整個改變、成長、轉型的現象中所抱持的態度和處理方式。[1]

我們可以從他的用詞中看出來，理查是學心理學出身的，而社區計畫的其中一個「要求」就是學生必須「給」理查每週四個小時的時間教他們「心理系統」。其餘的課程安排則是由理查和班上同學「共同設計」。他們挑選他們想要在該年度學習的主題；排定每個月的各項作業、學生簡報、特別來賓主講人、閱讀、辯論等等；講課（例如，學生分組負責主導長達四小時的課程活動，而非每項作業都是理查來主導）；然後最終評估他們是否成功追求了自己的目標。此外，每位學生都要為課餘時間的活動撰寫一份獨立學習契約。成功參與社區計畫的學生，會獲得在心理學、歷史、英語、體育，以及環境研究方面的學分。其他像是科學、語言，以及數學等課程可以在社區計畫的第四堂課下課後，在傳統學校中學習。

理查和學生們都努力讓他們的課程看起來「和費爾克斯特高中的一般課程截然不同」。教室本身很明顯地舒服很多，而且對學生友善。那是我在該校中所見過唯一一間鋪滿地毯的教室，除了更美觀之外，經過證實也非常適合坐在地板上進行小組作業。教室裡有一架鋼琴、幾臺電腦和印表機、一臺電視和錄影機、幾張小地毯鋪在大地毯上、一臺冰箱（開放給所有學生，他們任何時候想要吃或喝東西都可以取用）、椅子、桌子、黑板，還有兩張舒服的沙發供閒坐，或是當學生身體不適時可以休息。

據我觀察，教室裡的時間也和傳統課堂不同，原因包括學生在設計和執行課程方面所扮演的角色，以及課堂上所探討的各種科目。舉例來說，在一週內，學生便閱讀並討論了《平原》（*Flatlands*）這本書、針對校內督察的議題進行了辯論、看了電影《紫色姐妹花》（*The Color Purple*）、研讀了寇爾柏格（Kohlberg）的道德發展理論、聆聽一位客座主講人解釋網際網路的運作方式、學習烹煮一頓道地的墨西哥菜、討論發生在中東的時事、使用各種天然材質製作非洲面具，並且主持了一場社區會議，探討如何為一個第三世界國家的服務計畫募款。每一個課程計畫都是以一、二、或三小時的時段來分配，雖然每一個課程都和在學年度開始時所挑選的主題相關，例如「文化議題」或「科學工具」，我卻注意到在各個活動之間沒有太多連貫感。

獲准進入課程後，蜜雪兒試圖為一週中的各種不同作業做準備，晚上很晚還到圖書館去找關於督察方面的文章、閱讀新聞雜誌了解中東的最新局勢，並且為她即將主持的社區會議蒐集來自國際發展組織的相關資料，但她也忙著其他課程，包括數學、戲劇、戲劇人協會和她的合唱團。後來她很懊惱自己明明要探討和平前景，卻「對以色列幾乎一無所知」，她也承認自己在準備校內督察議題辯論稿時「不得不偷工減料」。就連社區會議感覺都很倉促且徒勞無功。蜜雪兒也很擔心班上同學永遠無法對於要贊助哪一項國際服務計畫達成共識。

當會議應該要開始的時候，理查剛好不在教室內。蜜雪兒知道這堂課只有一個小時可以討論該計畫，所以她很快就接手主導。她請大家安靜下來，然後把學生們分成四組閱讀服務提案。每一組都應該將提案排名，然後重新集合在大群組中進行最後表決。二十分鐘後，蜜雪兒宣布：「大家還有大約十分鐘的時間可以討論。」在大群組中，她發現其中一組的投票和其他組有很大的差異。她持續扮演主持人的角色，用鼓勵的方式對那一組說：「不要妥協。我們來好好想一想。應該是迦納的婦產科診所，還是奈及利亞的漁場？我們最終就是要在教育、生命或食物之間做出選擇。這筆錢真正能做什麼？」後來，當班上同學無法做出決定，而其中有些學生想要分攤這筆錢時，蜜雪兒又插手表示不贊同分攤，因為她認為「為兩個不同的計畫募款難度較高」。在下課時間到之前，班上同學依然在辯論應該選哪個計畫，兩邊都沒有讓步的跡象。

大家的優柔寡斷令蜜雪兒感到困擾，因為她「真的很想要班上同學一起負責一個大型的社區計畫」，而不只是那些他們已經為今年度規劃好的各種小服務計畫，像是在當地的幼兒園家教，以及和國際仁人家園（Habitat for Humanity）合作等。蜜雪兒形容自己「算是某種社會運動者」，她深信我們應該要「採取行動改變世界」，例如，她不吃任何動物性的產品（肉、蛋、乳酪等等），就是為了動物平權和保護生態系統，她也抵制了一些服飾店像是GAP，「因為他們對待他們在東亞的員工的方式真的很糟糕。」她希望他們班能夠為服務計畫募款，募款方式則是在高中舉辦一場「盛大的才藝表演」，收取一張十美元的入場券。但她每晚都忙著戲劇排練，還有做不完的作業，根本沒有時間給予這個計畫她所認為應得的關注。

第二學期過了三週後，蜜雪兒意識到她的學校課業對她的健康造成了不良的影響。她接連感冒了幾次，所以好幾天沒去上學，每天下午勉強爬下床去參加戲劇排練，然後又在晚上九點回到家後癱倒回床上。她感覺自己「沒有照顧好自己」，也「沒有好好安排時間」。測驗和作業「如排山倒海般而來」，她根本沒有準備好事情會「全都同時發生」。就在她準備要前往聖地牙哥參加一場州際戲劇比賽的前夕，問題來了。

她需要得到理查的許可才能請假兩天去參加比賽，但根據蜜雪兒的說法，理查並不希望她去。他認為「戲劇占去她太多時間」，而且她「沒有遵守每天來上課的承諾」。理查「指控」她「在社區計畫的課業已經落後了三週」，但蜜雪兒否認這點。她告訴他說，她只落後了幾天，而且是因為生病的緣故，她也已經在迎頭趕上了：

> 我說：「不，事實上我並沒有落後三週，比較像是三天吧……」他真的很故意，他知道我對哪些方面最敏感，而其中一項就是學業，因為那對我而言真的很重要。……他一直說：「蜜雪兒，妳的承諾在哪裡？」搞得我很內疚。那真的太誇張了，我覺得在精神上不是被操縱，就是被虐待了，我不敢相信他會如此固執而且不公平。我不知道，那就好像他不希望我想要做除

了社區計畫之外的任何事，……我真的很不高興，因為我想要加入社區計畫的部份原因就是希望能夠真的投入戲劇，並拿到一些社區計畫的學分（藉由閱讀劇本和寫劇評等等），結果到頭來居然是如果你加入了社區計畫，就不能有其他興趣。

最後理查還是讓蜜雪兒去參加比賽了，但條件是她必須請朋友錄下她會錯過的那些課程。不過，戲劇對他的課程所造成的干擾，還是讓他很不高興，並對戲劇老師和校長提出了抱怨。

當理查宣布所有的獨立契約活動都需要和當年的課程主題相關時，蜜雪兒感到的挫折感更大了。原本只有團體作業才需要和學生們在九月時所選擇學習的主題有某種程度的相關，現在理查要學生們選擇進行的所有作業和活動，如果想要得到社區計畫學分的話，就必須符合主題。他的解釋是，由於他們每週探討的科目如此廣泛，他擔心學生們沒有太多機會能夠「深入」研究任何議題。他希望能夠將課程精簡化，並鼓勵學生更專注地把重心放在少數幾個科目上。這項改變將讓蜜雪兒無法從她大部份的戲劇活動中獲取學分，因為她將不再被允許撰寫那些分析她所扮演的角色行為，或是敘述劇本背景時代史實以獲取美國歷史學分的報告。她向我抱怨：「我當初之所以加入社區計畫，就是想做我喜歡做的事，並從中獲得學分，而不是做那些其他人叫我做的事，但現在社區計畫已經完全變了樣。」

班上同學獲准針對這些提出的改變投票，但理查對於新制度的辯詞非常具說服力，蜜雪兒也強調「他也是那個最後替你打分數的人，我雖然很不想這樣說，但有些人覺得如果他們得罪他了，他就會對他們比較嚴厲。」因此，理查的新制度過關了。新學期過了一個月之後，蜜雪兒（再次）感到自己需要做點改變。社區計畫和荷里森小學完全是天壤之別，雖然她想要留在學校，但她「不願意犧牲對戲劇的熱愛，只因為理查覺得她失衡了。」然而，想要在學期當中更換跑道並不是那麼容易。蜜雪兒下定決心要留在社區計畫把這一年念完，同時對於自己要離開的決定感到痛苦不已。她再次向她的父母和戲劇老師尋求建議。她擔心理查如果知道她在考慮離開的話，可能會刻意打低她的學季分數。她的學校輔導老師建議她參加一些傳統課程「重新開始」，用補課的方式彌補錯過的那四週，而非去請理查替她轉學分。她的戲劇老師自告奮勇說要教一堂美國文學的獨立學習課程，讓蜜雪兒可以讀幾齣劇本，並且撰寫她想要的報告主題。而她父親也向她保證，無論她做出什麼決定，他和她的母親都會支持她，並且會在任何補課需求方面幫助她。

蜜雪兒終於選擇退出社區計畫，轉入「普通班」的兩門課，美國歷史和心理學，以及跟隨她的戲劇老師修一門獨立學習英語課。外加她原本就已經選修的數學、戲劇以及音樂，蜜雪兒這學期要修六門課。由於獨立學習課程每週只上一次，蜜雪兒突然發覺自己每天多了兩堂空檔可以用來彌補她錯過四週的歷史和心理學。這些課程「還算簡單」，因此她不但迎頭趕上了，還在該學季拿了A。大家似乎都對這樣的結果感到滿意，除了理查之外。

當理查得知蜜雪兒在該學季拿到如此高分時，他便約了校長、佛嘉蒂老師，以及蜜雪兒的輔導老師一起開會。蜜雪兒沒有受邀，事實上，她根本不知道有這個會議，直到佛嘉蒂老師告知她發生了什麼事[2]。顯然理查很不高興蜜雪兒「在他班上四週什麼事也沒做，依然能夠在該學季拿到A」。他說：「她是抱著僥倖心態想逃避事情。」他認為蜜雪兒應該拿到的成績是四週的F，以及她後來在學季中其他新課程中所得到新成績的平均值。當蜜雪兒把這件事告訴我的時候，她非常不高興：

你敢相信他居然要我拿F嗎？零分！而且他講得一副好像我四週什麼事也沒做一樣！……雖然我並沒有要求轉出我在那段期間作業的學分，但我真的做了作業。所以，他根本是在說謊，而這對我而言真的很挫折，我無法在場為自己辯白……我不敢相信他說我是抱著僥倖心態想逃避事情！任何一個認識我的人都知道我不是那種人。他卻一直攻擊我，把我講成像是那種愛作弊、不負責任、墮落的人。

蜜雪兒的父親也對理查的指控感到憤怒不已。他打電話給蜜雪兒的輔導老師問到了「官方說法」，然後打電話給校長要求他安排另一場會議。根據蜜雪兒的說法，輔導老師當場就站在她那一邊了：

他說：「我們為什麼要煩她？她是個成功的學生，而且學校裡有這麼多成績不好的學生，那些學生才是我們應該要關注的，而不是一個成功的學生。」我也同意，饒了我吧，真的，你知道，在這方面我不是那種需要被關注的人，尤其是還要占用校長的時間。拜託！

但我爸擔心理查在監視我，想要確保他不會再出手干預，然後他（校長）對我爸阿諛奉承了一下，就說「噢，她是個很棒的學生」，並誇獎我在前兩齣戲劇中的演技，然後他又向我爸保證理查不會再對我怎麼樣了。他也會去注意一下社區計畫的狀況。他說會去和裡面的一些學生談談，因為我跟我爸說過，我爸也告訴了校長，裡面有些人想要離開，但他們擔心會有什麼後果。你知道學生覺得被困在裡面了。

當蜜雪兒這樣說的同時，我心想是否有其他學生真的覺得自己被「困」在社區計畫中，還是她描述得有些誇張了。我知道學生們對於這個另類課程都感到很興奮，而且相信該課程「救了他們一命」。其中一位學生甚至在退學之後又再度回到學校，只為了要上理查的課。然而，由於該課程強調社區感以及對群體的承諾，我也可以理解學生們可能會覺得離開的話會讓班上同學失望。蜜雪兒也感受到了一些這種壓力，而且擔心她的決定是否能得到「同儕認同」，但也明白如果留下來的話會非常不快樂。

蜜雪兒比大多數的學生幸運，因為她很容易就能找到專人和資源來幫助她執行離開的決定。由於她在戲劇方面的活動，使得她在校內的知名度很高，學校的輔導老師和校長都在幾次的演出中見過她。他們都認為她不但是個「很棒的演員」，同時也是一位「優秀的學生」，而且有接近完美的GPA，所以他們會確保她不再受到騷擾。戲劇老師佛嘉蒂在蜜雪兒轉出社區計畫的過程中也扮演了關鍵的角色。她是蜜雪兒的良師益友，也是她在學校主要的支持來源。她持續為蜜雪兒的行為辯護，並且給她忠告該如何回應理查的指控。在自告奮勇提議要教獨立學習英語課程這件事上，佛嘉蒂老師做出了個人犧牲，在她原本就已經滿檔的日程中挪出時間來幫助蜜雪兒「在從事喜歡的活動時取得學分」——也就是閱讀劇本和研習戲劇。她以前也幫忙說服過蜜雪兒留在學校，並且了解這位明星學生渴望哪種自由。

蜜雪兒的父母也提供了鼓勵和愛，讓她自己做決定，並且保證無論她如何決定都會支持她。他們知道何時該出手干預，替她出面採取行動，巧妙地應付學校體系，安排和校長見面以確保他們的女兒能夠得到公平的對待，並且在事後致電表達謝意。蜜雪兒很感激能有這樣的援助，還特別稱讚了她父親的支持。自從她父母幾年前離婚後，她大多數的時間都和父親在一起。他是一位學前班的主任，和蜜雪兒及她的姐姐一起住在市中心的一間公寓。他也有幾天晚上會兼差當按摩師「貼補家用」。蜜雪兒的母親在附近一個城市的一間律師事務所擔任電腦顧問，蜜雪兒每週會去她那裡待一兩天，但早上都得塞車三十分鐘才能勉強趕上第一堂課。她的雙親都曾在上學期去過社區計畫擔客座主講人，也造訪過學校，並且和理查很熟。她的雙親同時也都出席了蜜雪兒所有的戲劇和音樂演出，知道她有多麼熱愛表演。不像凱文和伊芙，蜜雪兒相信她的父母「無論如何」都會支持她的決定。凱文的姐姐因為上了社區大學而被認為「搞砸了人生」，而蜜雪兒那位上同一所社區大學的姐姐則受到了尊重的對待，蜜雪兒知道自己也是。

她把自己這種「自發性學習的動力」歸功於她父親（以及從小在私校的經驗）：

> 我認為我爸是激勵我的原因，因為我爸媽一向都很注重，真的著重學習，而且總是確保他們強調的不是「要拿A，否則我們就不愛妳」。他們總是說「我不在乎妳考幾分。」他們不在乎。他們在乎的是我要學到東西。他們要我成為好人，而不是，我是說，成績真的不重要。我的意思是雖然重要，但他們不會這樣告訴我。你知道他們不是那個意思。當我拿到好成績時他們會感到很驕傲，但並不是硬性規定。我從來沒有被規定過想要講電話必須先做完所有作業，因為我可以自己安排，而且他們知道我已經夠會逼自己了。
>
> 荷里森小學也佔了很大一部份，因為過去我在那裡的時候，學習是很有趣的一件事。如果你在人生中經歷過的學習是無趣的，那麼你就不會想去做這件事，因為多年來你是一直想要逃離那種環境的。但如果你經歷過的是，如果學習經驗都是有趣和富有成效的，那麼就會有截然不同的感受。

和許多學生不同的是，蜜雪兒很幸運，她從小就對學習抱持了正面的態度，也嘗試過參與教材是什麼感受。她原本希望社區計畫也能帶給她類似的體驗，給予她自由，在一個更看重學生參與和成長，而非成績的環境中，讓她能夠追求自己感興趣的科目。當理查決定改變方向，以及當她在追求演戲的過程中導致她因為校外教學以及排練過於操勞而生病，使得她好幾天無法去上課時，蜜雪兒感到很挫折。她知道她不想輟學，但又找不到一個令她滿意的課程。「理想上」，她希望是「結合社區計畫和普通學校」，讓她能夠在學校話劇中演出，同時又能追求其他學業興趣，可惜沒有這樣的選項。蜜雪兒明白學校課程方面的限制，只能不情願地決定放棄社區計畫所提供的一些自由，以求能夠繼續在戲劇科保持活躍，這是少數幾個她真正感到教材具挑戰性，同時能夠獲得支持和鼓勵自己追求興趣的地方。

轉學的其中一個條件就是，蜜雪兒承諾要補齊四週的課業，雖然她的新老師並沒有要求她做這些，但對蜜雪兒而言很重要的一點是，她不想讓自己有「僥倖逃避事情」的感覺。如她先前所述，她對於學業方面很「敏感」，想要確定自己值得拿到好成績，並且相信她已經達到了老師們的期望。她說任何一個認識她的人都知道她不會試圖用這種方式「作弊」，而事實也和她說的一樣。學校中認識蜜雪兒的人都站出來替她辯白。她的父母以及經常和她相處的戲劇老師，還有從她的成績和戲劇演出而知道她的輔導老師和校長，全都幫她順利轉學。倘若蜜雪兒在校內的知名度沒有那麼高、人際關係沒有那麼好、成績沒有那麼優異，或是沒有如此通情達理的父母，她或許不會有這麼好的遭遇。

她覺得自己很幸運有這麼多人站在她這邊，然而她也感到很挫折，因為自己必須做出這些令人不滿意的選擇。雖然蜜雪兒的名聲和GPA在轉出社區計畫之後並未受到任何損傷，但她覺得自己顯然犧牲了某些智力方面的需求。學校裡似乎沒有一項課程是針對像蜜雪兒這樣的學生所設計的，一個追求自由滿足自己的求知欲，同時拒絕忍受「拿高分的壓力」所造成的過度壓力的學生。蜜雪兒覺得自己被迫「選擇戲劇而非學業」，並且還說如果硬要說服自己的話，「有時候（在普通班）稍微感到無聊也無妨」，只要能夠「做想做的事」。

「犧牲學業」

起初，在離開社區計畫轉入美國歷史和心理學課程之後，蜜雪兒很高興自己每天多出了兩堂課的空檔，她會做過去因為太忙而沒時間做的「正常人會做的事」，例如打掃家裡、買菜、和朋友講電話聊天、看幾場電影、和家人相處。她發覺補齊那四週的課其實挺容易的，因為那些老師並沒有要求她一定要交齊過去一個月的所有作業。她的心理學老師要她補考兩次測驗，而她只需要閱讀教科書中的章節，然後背誦影印的講義就好了。兩次測驗蜜雪兒都考了一百分。她對課題很感興趣，也喜歡老師講授的幽默趣事和「滑稽的懲罰系統」（任何觸犯班規的人都必須「當場在地板上做二十五下伏地挺身」）。老師主要會向學生講授課程，在講授過程中穿插個人故事，而每次授課都會提供課程大綱，其中會有空白部份讓學生在聽課時填寫。蜜雪兒是我見過少數幾位除了完成要求的大綱之外，還會額外做筆記的學生。她知道老師並不會考這些額外的教材，但她「真的對了解人們以及他們的個性感興趣」。她對於課程要求之外的學習欲真的很驚人，當我問她這點時，她提醒我：「我是個自發性的學習者。」

蜜雪兒表示，她的新歷史課程是「她所上過最容易的一堂課」。她承認自己或許應該要上榮譽班的歷史課，但學季都已經過了這麼久，她不太可能轉進去那個班。她說歷史老師「人很好，而且真的想要孩子們學習，但她絕對是新手」。老師不太有辦法控制吵鬧的學生，也尚未找出方法因材施教地出作業。舉例來說，她把一堆測驗發還給班上同學，然後說：

六個A、七個F、幾個B和C（蜜雪兒拿了A+）。這就是這個班的難處。如何讓拿A的學生覺得具有挑戰性，同時又能顧到拿F的同學，有人有什麼好建議嗎？

一些學生喊道：「我們沒有準備好要考試」、「妳複習的時候講太快了」、「不要考申論題，或者至少短一點。」老師則回答：「好吧，這禮拜沒作業，好好準備下週五的測驗。」蜜雪兒搖搖頭，決心要閱讀規定外的章節，因為她對一九二〇年代很感興趣，而且她想要閱讀某一齣劇本。她很喜歡這本教科書，因為「它採用了不同的方法。它在每一個段落提供了一些像《憤怒的葡萄》（*Grapes of Wrath*）那樣的文學作品，同時還有批判性思考的練習一邊挑戰著你。」

儘管面臨限制，蜜雪兒試圖全心投入歷史課，但也持續因為其他缺乏動力的同學而感到挫折。有一次的小組作業要求同學根據教科書中一篇關於「新政」的章節回答問題，蜜雪兒是她那組中唯一一個帶書來上課的人，更別提把書看完了。當她試圖幫她的小組回答問題時，其中一個小組成員抱怨：「我們不需要更多關於民間資源保護隊（Civilian Conservation Corps，簡稱CCC）的資訊。我們只需要根據書本照抄就好了，我們不需要有創意。」儘管有人抱怨，但多虧了蜜雪兒，她的小組依然提早半小時完成了，而許多其他小組甚至都還沒開始。學生們都在忙著討論最新的八卦、玩BB Call、敲打書桌試圖引起老師的注意，或是趴在已經變皺的作業本上睡覺。當鈴聲響起時，老師同意明天給同學們更多時間完成作業。我們一邊走出教室時，蜜雪兒用悄悄話對我說：「或許我閱讀這本書的額外章節，是因為我覺得，天哪，我在這裡簡直一事無成。」

又有一次，蜜雪兒和一位上次考試總分50分只拿了11分的同學一組。她們原本應該要根據前一晚的閱讀作業做一份簡報。蜜雪兒的夥伴告訴她說，她沒讀那個章節，而且從十月份開始她把書弄丟之後就沒讀過書了。蜜雪兒準備了一份詳盡的投影片，內容包括教科書中的摘要，並且告訴夥伴說：「沒關係，和我一起上臺就好了。」然而，在她們即將被叫上臺前時，她的夥伴卻跑去廁所25分鐘都不見人影。蜜雪兒自己報告了投影片，在每一個論點上都擴大延伸地進行探討，結果面臨的是其他學生充滿挫折感地要求：「講慢一點！告訴我們該怎麼記筆記！要抄的東西太多了！他媽的，妳以為妳在寫書嗎？」在整場報告中，老師懇求道：「態度好一點……聽蜜雪兒說……不准罵髒話。」但根本沒用。無理的態度持續出現，在其他同學簡報的時候也一樣。蜜雪兒靜靜地從教室後方記筆記，同時試圖背誦她在《奧賽羅》（*Othello*）劇本中的獨白臺詞。

稍後她告訴我說，她覺得自己在她的歷史課上好像在學習「各個時代的零碎片段，但卻沒有全面了解。」她知道老師「真的很努力了」，但蜜雪兒擔心有太多東西都沒有學到：

感覺不是一個完整個故事。……我的意思是那就像是空洞的歷史。感覺並不是活生生的。我知道她真的很努力了。……例如她要教我們關於六〇年代的時候，她穿了一件紮染的上衣來，還準備像薰香那樣的東西。那真的很可愛，因為她真的很努力在嘗試，而妳知道她還在學習摸索該怎麼做，該做什麼。但她讓孩子們爬到她頭上去，因為她不知道如何掌控他們……

當蜜雪兒一邊討論著歷史課上的嚴重問題時，她對老師表達出極度的同情心，同時具備了敏銳的觀察力，清楚地闡述了學校體系的缺點。她看得出來老師是沒有經驗的，而歷史班上的同學也都失控了。但她也說自己也為其他的一些課程感到挫折和無聊。她渴望能有更有連貫性的教學和學習方法，並且抱怨「把三十個人擠在同一個班級……然後試著用同樣的方法教他們……每個人的學習方式都不同……這是不公平的。」

她心想自己如果身在榮譽班的話是否會有更大的啟發性，但也擔心她又會「再次感到壓力破表」，就像她在高一和高二的時候一樣。舉例來說，雖然蜜雪兒去年在幾何學榮譽課程上拿到了A，她說課程進度有點太快了，而老師卻不公平地期望她「立刻」理解困難的概念。有時候當她問問題，老師會說「這妳不知道嗎？妳應該要知道的。」這讓她「覺得自己很笨」。蜜雪兒覺得其他同學都是「神童」，因為他們馬上就聽懂了，而她卻覺得每當自己舉手尋求幫助時都是在拖累全班。她也認為很多這些學生除了上榮譽班之外「沒有自己的生活」，對他們來說想要像她這樣參與戲劇或音樂是很困難的。就像凱文和伊芙一樣，她說：「我認為你需要在擁有、豐富自己的生活，以及去上學或念書之間找到平衡。」她認為榮譽課程和其他課程相比需要「花費更多精力」，而且進度也更快，但這些課程不見得更「有趣或具挑戰性」，也不會讓她有自由能夠追隨她的求知欲。一樣的東西但步調更快並不是她想要的，尤其如果那表示她得犧牲一些她喜歡做的事[3]。

和本研究中的其他學生一樣，蜜雪兒也發展出獨特的策略來應付她在學習上所遇到越來越深的挫折感。舉例來說，起初她試圖說服自己這一學年的數學課進度比較慢，所以她能夠「真正深入學習，好好地把代數的過程學個專精透澈。」但她很快就對該課程感到厭煩和無聊。她比其他同學都要早完成作業、小考和測驗，而且經常利用這段時間來背誦臺詞或做其他作業。她經常選擇不去上課，因為「不上也不會錯過什麼」。她解釋說，老師和她的父母似乎都不是很在意她缺席：

> 我爸媽不在乎。他們總是會替我簽名或是打電話去請假。我也覺得不去上課沒什麼。因為教材我都已經會了，我也沒有影響到任何人，不去上課其實沒有什麼損失。如果我落後的話我

當然不會這麼做……老師知道我不是在偷懶，所以願意讓我這樣……我們之間已經建立了信任感。她讓我做我需要做的事。

和泰瑞莎與她西班牙語老師的條約相似，蜜雪兒也和她的數學老師建立了一份協定。如果她能夠更善加利用這段時間的話，她可以用上課時間來做其他作業，或是選擇不去上課。如果她太忙來不及在截止日前交作業，也可以有彈性地遲交。老師告訴我說她知道蜜雪兒是個「好孩子」，能夠「在班上維持4.0的平均成績」，也正因如此，她相信蜜雪兒絕對不會濫用她所得到的特權。雖然泰瑞莎的條約導致了她在該課程中拿到低分，蜜雪兒的協議似乎對她的高分毫無影響，甚至還可能更有幫助[4]。雖然蜜雪兒很感激老師的諒解，也喜歡她所獲得的自由，但她依然對該課程感到失望。高分對她而言沒有什麼意義。她說：「沒有什麼需要努力的。在那堂課拿A感覺就像是空洞的獎勵。我很喜歡代數（這個科目）……但這堂課很無聊。」她又補充說試圖想說服自己：「至少我真的聽懂了。我想，聽懂了之後覺得有點無聊，總比聽不懂好。」她和老師之間所建立的條約或許能讓她每天的生活好過一點，但在尋找更有意義的方式來追求她對該科目的興趣上卻毫無幫助。這也不完全是數學老師的錯，因為問題不只是這麼單純。很少有課程能夠以令她感到興奮又具挑戰性的方式幫助蜜雪兒探索這些科目。

但稍後在學期中蜜雪兒卻開始擔心了起來。她告訴我說，她有一天早上突然對自己的日程表感到「驚恐症發作」：

我開始想……這是我最沒有挑戰性的一年了，而這對我的大學入學申請成績那種東西來說也是最重要的一年。我真的很擔心。一切都錯了，全都搞砸了。我是說，我雖然很滿意自己離開了社區計畫，但如果你看看我的日程表，那看起來就像我一點動力都沒有，也沒有發揮我的潛能。我是說（去社區大學修晚上的課）是可行的，但什麼時候有空？……然後，我覺得明年可能會去念三角學榮譽班（她認為這會讓她的日程表看起來更緊湊些），而且我總是可以在申請書內向那些大學解釋……但我也不希望我的高中最後一年過於緊繃。所以，我不知道。我的輔導老師說只要確保我都拿A，基本上我已經在這樣做了，而且我現在沒有參加演出，但我依然忙於音樂和戲劇人協會。我不知道，我還是覺得好、茫、然……

她用強調的語氣說出最後那幾個字，拍了拍她的雙頰，翻了個白眼，然後嘆了口氣。她持續在被迫做出令人不滿意的決定。去年她考慮輟學，並相信那可能是唯一「不會壓力破表」的方式。今年，在轉出社區計畫以便能夠繼續參加戲劇演出之後，她擔心她的成績單在某些潛在大學眼中可能會顯得「太弱」。她依然不確定自己是否想念大學，也想過要在念完高中最後一年後「嘗試當職業女演員」，但她不想要斬斷「任何未來的可能」。她甚至在三月的時候考了SAT「以防萬一」。不過她對於自己的總分 1200 分感到很難過，雖然有更多時間準備，但卻不太想在六月重考[5]。她不喜歡把時間花在研讀那種「永遠不會用在日常生活中的東西」上，但為了要符合大學的要求，這種苦差事是逃不掉的。

事實上，蜜雪兒相信她在學校所學的大部份東西都是為了要遵守並且「玩弄體系」：

> 這個地方其實就是這樣搞的，雖然不是很明顯，我是說他們（學校的人）都是這樣在處理事情的，就像你拿A其實只不過是在玩弄老師罷了，因為你做他們想要的事，然後就沒事了……其實一點都不難。我是說大家其實都很沒動力，而你只需要搞清楚老師想要什麼、背好，然後交差就可以了。其他人之所以沒有表現得那麼好是因為他們不在乎……所以如果你可以學會如何操縱體系的話，那麼你就能學會如何在高中生存下來而不會發瘋。

蜜雪兒拿自己和她班上許多同學比較，那些同學顯然對於老師所制定的標準毫無想要成功的動力。她刻意選擇「參與」、背誦教材並在測驗和作業方面「交差」，就是她用來操縱體系的策略。如果她在這些簡單的課程中「玩弄老師」，她相信她就能夠獲得青睞，因而得到信任和自由。她相信，就像在她的數學課上一樣，她的高分和願意取悅的態度將能讓她擁有更多追求其他興趣的彈性。至少，她相信如果有朝一日她決定要念大學的話，那些成績和她所獲取的地位對她而言都是優勢。然而，她尚未在學校找到令她滿意的方式來滿足她在智力方面的需求，而且依然對於自己需要以「零碎片段」的方式來學習科目感到挫折。她找不到太多同儕能夠和她一樣對學習感到興奮，也沒有太多老師會鼓勵她「盡情發揮想像力」[6]，但她最終還是得以安排了一份日程表，讓她擁有某種程度的自由。她輕鬆的課表讓她能夠追求對戲劇和音樂的熱情，而在這些表演藝術課程中，蜜雪兒找到了興奮、支持，以及最重要的，一種共同合作、分攤責任的工作方式，而那是她在其他課程中所缺乏的。

透過做熱愛的事學習

蜜雪兒小時候最早的記憶，是在她父親的幼兒園中的一齣戲裡扮演守財奴。她描述那是她一生中「最好玩的時刻」，而且對於一些細節記得很清楚：

每個孩子都扮演了一個角色……我記得我戴了一頂破塑膠帽，是高頂禮帽，黑色的。我覺得很礙事……我記得我們在室內四個不同的角落架設了燈光，這樣一來換場景的時候只需要更換觀眾的焦點就可以了……我記得我演這個角色，我是唯一記得臺詞的人，其他人的反應很慢，而我總是坐在那裡發出聲音（舞臺低聲旁白），你懂的，就是那個在那裡一直幫朋友們提詞的討厭鬼，但大家也都因此很喜歡我。我們會演很多這種話劇給家長們看，而且真的都很好玩。

雖然她在小學的時候也參加過戲劇活動，但她一直到高二被選中在一齣只有一幕的劇本中扮演一個小角色時，才重新激發了對於戲劇的熱愛。由於她成功地扮演了那個角色，讓她有機會扮演另一齣大戲中的重要角色，發揮了她擔任女主角的才華。從那之後，蜜雪兒在學校的四齣戲中演出過，同時也在戲劇科中成為領導人物。她協助成立了一個新的戲劇人協會，並且被選為「聯合會長」。身為委員會的一員，她挑選學生加入進階演員班。她也策劃為戲劇和音樂方案募款，以及將募得款項用來更換破舊的舞臺，和學校自助餐廳中的老舊器材設備。她也是佛嘉蒂老師名副其實的助教，因為老師經常仰賴她對其他戲劇學生提出批評指教，並且管理任何發生在課堂上或戲劇排練時所發生的危機。

蜜雪兒很樂意地接受了這些領導者的職責。她認為佛嘉蒂老師是「優秀的老師，而且真的是很棒的導演……也是良師益友」，而她希望自己能夠「用任何可能的方式支持她」。她直呼那位老師的名字——麗莎，同時很珍惜她們之間親密的友誼。蜜雪兒大多數的課餘時間都待在麗莎的辦公室，她（和另外幾位學生）被允許可以自由使用電腦和印表機，以及那裡舒服的椅子和工作桌。經常會有四、五個學生和麗莎及蜜雪兒擠在辦公室裡一起吃中國菜，一邊討論未來的演出計畫。通常蜜雪兒會留下來聊天與詢問一些關於她為獨立學習課程所閱讀的劇本相關的問題。有時候麗莎會請蜜雪兒出去外面吃午餐，或是主動說放學後要載她回家，然後她們兩人會一起腦力激盪，為目前的戲劇演出構思如何搭建場景。她們在一起合作很愉快，有時候會替對方接話或是預測彼此在想什麼，也越來越仰賴彼此的支持。當蜜雪兒發生社區計畫危機需要指引時，麗莎就是她最主要的參謀，而當麗莎因為懷孕嚴重害喜時，蜜雪兒在她辦公室門外「站崗」，確保她在沒有課的時間能夠好好休息，不被任何人打擾。

她們兩人之間的那種關係是我在學校觀察中很罕見的。通常，學校生活的飛快步調和班上龐大的學生人數會阻礙師生之間維持個人互動。但麗莎花很多時間和她的學生一起排練，並且在白天歡迎他們到她的辦公室去。她的仁慈和慷慨讓他們覺得和她相處很自在，而她對戲劇課程的興奮感是具有感染力的，很多學生都很崇拜她，選擇參與戲劇演出，並自告奮勇願意多花時間幫忙粉刷布景或縫製戲服。這有部份是因為學生對於有機會能夠從事非傳統科目的活動很感興趣，例如架設燈光或在合唱團裡跳舞，而這些工作都必須有技巧地完成，才能夠達到「真正」的觀眾和其他劇組成員的期望[7]。然而，那些學生顯然也深受佛嘉蒂老師本人的吸引，倘若不是她具有創意又體貼的領導風格，戲劇課程也不會如此吸引人。有一位家長告訴我麗莎「改變了她兒子的生命」，因為她不間斷的支持與熱忱幫助他克服了在演說方面的恐懼，並且「讓他變得不再害羞」。

在那群自認為是「戲劇幫」的學生當中，許多人都認為蜜雪兒是「全校最棒的女演員」，也知道她是麗莎手下的高材生。在課堂上老師會將蜜雪兒提出的有用建議歸功於她，例如：「我跟蜜雪兒在想，如果把這群演員移到前面，然後把梯子放在這裡，這樣的安排會很不錯。」她會用蜜雪兒當榜樣鼓勵其他人照做：「聽聽蜜雪兒是如何讓她的聲音高過合唱團，這就是我希望你們能做到的。」其他學生似乎也都接受了蜜雪兒的特別地位，經常向她尋求忠告。他們會請她看他們排練場景和練習獨白，而她也很樂意幫忙。她會充滿自信地給予指導：「這樣說……很好，記住你在這時候是生氣的，而且在椅子後方的你位居的是掌權的地位。」在學生們上臺之前，蜜雪兒也會鼓勵他們：「別擔心。你會做得很好。」

蜜雪兒對於在戲劇課扮演助教的角色感到非常自在，但是她也發現這在其他課堂上不一定有相同的效果：

> 顯露身手和被別人認為你自以為是萬事通，或是被老師認為你在造次，這兩者之間的界線是很危險的。如果你真的試著想要學習，想要互動，就有可能被認為你在拍馬屁，因為全班大概除了你沒有別人會這樣做。有時候我真的很想顯露身手，但有時候又不想。

蜜雪兒經常會對她在數學和心理學班上的同學隱瞞她的高分，因為擔心他們會討厭她，或者更糟的是，要她在下次的考試幫他們作弊。這種隱瞞自己學習動力，或是不想要顯露自己技能的策略，和凱文及伊芙那種試圖表現出自己知識淵博，在各科中都做好充分準備的策略截然不同。他們似乎更在意的是想要獲得老師的認可，而比較不擔心同儕對這種行為的反應，或許是因為他們相信他們的同儕都在忙著要同樣的手段。「互動」和表現出真正很想學習在他們的班上是老師和學生們都很看重的，但目的主要是有機會能夠提高成績，而非是因為這樣的行為本身所帶來真正的價值。

幸虧，在蜜雪兒的戲劇班上，他們鼓勵學生彼此合作，讓演出盡可能做到最好。想要在舞臺上「作弊」其實也不太可能，因此其他學生非但沒有批評蜜雪兒是「馬屁精」，反而都很欣賞她的才華，並且恭喜她表現優異。由於課程期望每個人都全心全意地投入，再加上該科目的本質，學生想要在同儕面前「隱瞞」他們的成功（或準備不全）也很難。在準備演出期間，學生們幾乎每天下午和傍晚都會在一起，有時候甚至會工作到凌晨兩點，而他們也越來越覺得他們是「一家人」，通常在走廊上見到彼此時都會互相擁抱打招呼。就像蜜雪兒對她在荷里森小學那些朋友的親密感一樣，她也很喜歡在高中戲劇幫所得到的支持和愛，和他們在一起的時候，她覺得自己可以很自在地顯露「真實的自我」，同時公開地努力，讓自己精益求精。

她也很喜歡在準備飾演一個角色上所體驗的那種真正的挑戰感。每一齣劇本都提供不同的「障礙」需要克服，也有新的東西可以學習。她解釋道：

你會學習關於你自己、你的同儕、人性以及劇本中所倡導的所有議題……就像《曾考慮自殺的有色人種女孩》（*For Colored Girls Who Considered Suicide*）那齣戲，那是我這輩子所做過最難的事，因為，除了我之外所有的劇組人員全都是黑人，而我從來沒有經歷過那樣的情況，就是自己在人群中是少數民族，那真的是很大的文化衝擊……我本來想要退出的，因為我覺得好孤獨，但我還是留下來了。而且我也被他們，就是他們似乎如此有天份，而且很自然就會做每件事的能力感到難以招架。但我為了那個角色非常努力，我覺得我的成就真的很驚人。我對自己的所作所為感到很自豪。即使那不是我做過最好的，我就是那樣做了，所以，等到一切都結束之後，我不僅在演技方面更上一層樓，而且還甩掉了很多種族歧視的觀念，而過去我甚至不知道自己有那些觀念，而且都是從一般社會上得來的。

在這齣戲中演出帶給蜜雪兒的成長，是她在其他課程中從未體驗過的。起初，她覺得「難以招架」，因為她不確定是否能夠面臨呈現在她面前的挑戰[8]。但是，在經過更多努力之後，她對於自己的成就感到自豪，並在回顧這個經驗的時候認為這是很棒的學習體驗。她覺得自己真的被這齣戲改變了，彷彿「破除了一些自己內心的圍牆」。她過去從未覺得自己有「種族歧視」，但她很快就意識到她的許多反應都是源自於自己對他人不公平的看法。這齣戲幫助她更深切地體會到非裔美國人以及一般受壓迫人士的生活，讓她重新審視了對於自己還有人性的一些根深蒂固的信念[9]。

蜜雪兒那一年又演出了另外四齣戲，每一齣戲對她而言都是某種挑戰，同時也是讓她積極參與的根源。舉例來說，她在音樂劇《彼平正傳》（Pippin）中飾演祖母的角色起初讓她感到「驚恐不已」。她過去從未在現場觀眾面前演唱過（她最近才剛加入學校的樂隊），而這個角色要求她必須獨唱好幾段。她描述這是個非常高風險的經驗：

真的很辛苦。這個角色讓我學會獨立。起初我很保守，就像個一般的祖母，但麗莎說「再誇張一點」。我雖然不想冒險，但我還是那麼做了。這是那種督促你讓你全力以赴的挑戰。我完全累癱了，而且所有的課都落後了。有時候我們排練到凌晨三點，然後公演那晚我們必須把布景拆掉，讓別人可以使用自助餐廳……不過一切都是值得的。當你投身於一齣戲中，你會有來自劇組和觀眾的能量，然後你靠這份能量支撐下去，他們又從你那裡感受到能量，你們就像一家人一樣親密……我原本很害怕，但我還是放手一搏，而當我做到的時候，那就像，我認為那是我有史以來最精彩的一次演出。這是我一整年感到最自豪的一次。

蜜雪兒在這個角色上所做的努力是顯而易見的，而成果也令人驚豔。我從來沒有見過她如此沉醉於一個角色中，在舞臺上如此生動。在她的那場主要場景之前，這齣戲有點拖泥帶水，演技和演出是不錯，但那些演員缺乏一種時機感，而且對於他們自己的演出顯得不太興奮。當蜜雪兒出場時，觀眾完全被改變了。她身穿一件褪色的黃色蕾絲滾邊雛菊連身裙，灰白的頭髮紮成髻，長襪從細長的雙腿往下翻皺在腳踝邊，鼻樑上架著一副眼鏡，並且拿著一根灰色的長拐杖，當她說話時會用力對著其他角色揮舞著拐杖，蜜雪兒已經不是她自己了。突然間出現在我們面前的是一個愁眉不展、精神抖擻的八十多歲老奶奶，用老態龍鍾的破嗓門熱情地高唱著《人生還很長》（*Whole Lot of Livin'*），扭著她的臀部，擺動著她的雙肩，證明她雖然年事已高，但依然充滿活力。這首歌讓觀眾全都起立鼓掌，並且為這齣戲的後半部注入了迫切需要的活力。那週後來我無意間聽到一位老師這樣評論蜜雪兒的精彩演出：

我看到她飾演那個老婦人，我還以為是職業演員。我對自己說，沒有一個青春期的孩子可以做到這麼好。你看到她把嘴巴往下撇的滿面皺容了嗎？她真是厲害。

蜜雪兒解釋說那些角色所帶給她的挑戰讓她越戰越勇，和泰瑞莎一樣，她也一直在尋求「鞭策自己」的機會，蜜雪兒認為學習和成長就等於是冒險和走出自己的舒適圈。當風險是真實的，當它們會帶來真正的後果時，蜜雪兒就會得到鼓舞去面對她的恐懼，在她的演出上付出更大的努力。她說過想要「不辜負她的潛力」去當個女演員，並且承認自己是個「完美主義者」，想要在「超越一個高中生表演者」的層次去演戲。即使在班上，當她的同儕和麗莎都對她的獨白以及場景給予完美的評分，蜜雪兒依然不滿意，直到她認為自己做到了「所能做到最好的程度」。因此，她渴望獲得具建設性的批評，並以此作為促使自己更加優秀的方法：

麗莎讓妳創作自己的藝術，她不會一直逼妳。但我需要批評，我需要人家批評我，好讓我知道自己做得好不好……其中一點就是當人家說：「妳很棒，妳如何如何……妳是我見過最棒的女演員。」那種話我覺得並不算什麼誇獎，因為很難知道對方是在說真心話，或者只是在奉承，所以我從來不相信那種話，而且在我們學校也沒有太多競爭。我不認為像我這種程度的演技算多出色。不過我爸會告訴我實話，我是說他會老實跟我說。他之所以會告訴我，是因為他知道那是我需要的，是我想要的，除了實話之外其他的我都不接受，否則我就不信任他了。所以壞事他也都會告訴我，他是被我訓練的……而現在我也告訴麗莎要對我坦誠。

當觀眾都站起身來、她的父親稱讚她、戲劇比賽中擔任評審的戲劇教授在一百位演員中頒發了第一名的獎給她、一位經紀人招募她加入當地的劇團時，蜜雪兒會對自己的成就感到很自豪。這些對她而言都是真實的批評，而且幫助她明白自己已經成功地迎接了角色的挑戰。由於她是全校最優秀的女演員之一，傳統形式的評估，像是來自老師和同儕們的評語和分數，都已經不足以說服她讓她看到自己的優點。

麗莎明白蜜雪兒想要學習和成長的渴望，於是安排她扮演該年度最困難的一個角色，也就是《小城風光》（*Our Town*）劇中舞臺監督的一角。起初，蜜雪兒對這個角色有諸多抱怨。有「太多臺詞要背」，而且沒有「真正的角色性格發展」。她擔心觀眾會覺得無聊，自己會沒有辦法「把它做好」：

我沒辦法。我完全不知道該怎麼演。我是說這真的跟我以前演的差很多，我想這算是好事吧。我是說這堂課的目的就是這個，不是嗎？……但我就是不確定該怎麼演，例如觀眾對這麼多臺詞會如何反應？

開演前的幾天，蜜雪兒依然對這個角色感到很頭痛。她的臺詞唸得很快，不知道該強調哪個部份，而且她還在擔心。她說：「我真的不喜歡這個角色，我還是感到非常非常迷惘。」她不高興麗莎因為太忙而沒有時間和她合作，幫她發展角色性格，而她也感到很挫折自己無法獨當一面處理這件事。

在一場晚上的演出當中，我看著蜜雪兒勝任地唸著她的獨白，演出舞臺監督的角色，但我也觀察到她缺乏在其她演出中明顯可見的氣魄，以及和觀眾的聯繫感。之後，許多人都向她道賀，說她演得「很棒」，但她根本沒把那些讚美當一回事。隔週，她回顧了那個經驗，以及那對她而言如此困難的原因：

> 那是我一整年來最糟糕的一個角色，而且我對於那個角色始終感到很不滿意。連我爸都同意那是我最糟的演出。而且最後一晚的時候，我好像整個神經衰弱……完全崩潰了，我在演出前爆哭，因為我對自己、對我的表現一點也不滿意。那真是一種很糟的感覺，我是說，我只是照唸了，但就是無法演好，我只是，聽起來很糟又很假，只是在背誦，其他一切都很不對勁，然後我就崩潰了……即使當麗莎說「做得很好」的時候，因為我看到她對一些我認為很有問題的人也說「做得很好」，於是我在想，我要如何信任她不會對我隱瞞什麼？我是說她在一所公立高中，如果那裡有個孩子已經盡全力了，但還是很糟，她總不能說「做得很爛」吧，因為那很可能會完全毀了他們的自我觀感……
>
> 後來她找我坐下來談，她說，「好吧」，然後她告訴我說，我的問題是我忘了一齣戲並不

是一齣戲。妳應該要從中找到樂趣，妳應該要把它當成在玩……而原因，或許就是這並非我最佳演出的理由，我已經到了一個境界，就是一直在苛求自己，而且死不願意放下。我因為太在乎自己看起來如何以及在做什麼，結果反而變得太不得體了。所以我猜這也讓我看到當自己太過頭的時候，反而無法允許自己成就想要的。

就像伊芙努力在班上做到最完美一樣，蜜雪兒對她自己在戲劇課上也設定了高標準。她非常在意自己的表現，特別是因為那是唯一一堂她覺得自己和教材有共鳴的科目。當她無法把舞臺監督這個角色的性格發展到令自己滿意的程度時，她就「崩潰」了，並且需要被說服應該要「玩」，然後找到樂趣。她已經變得很習慣在學校當個成功者，以至於她不知道如何面對「失敗」的可能性。在荷里森小學的時候，蜜雪兒覺得能夠自由地犯錯，並從中學習，同時一邊享受樂趣，但在費爾克斯特高中她卻很少真正覺得被挑戰，更別提能夠接受「自己不是每次都會達到她完美標準」這樣的想法。在戲劇課上，蜜雪兒被鼓勵嘗試新角色和探索令她感興趣的教材，但即使擁有這份自由，她依然喪失了某種程度的「玩心」。《小城風光》幫她上了很好的一課：雖然努力邁向目標很重要，但同樣重要的是，當這個目標顯得遙不可及時，也不要苛責自己。她相信一定還有其他挑戰是她可能無法完成的，而她需要把這些挑戰當成是學習的機會，而非陷入絕望。

到了學期末的時候，蜜雪兒依然擔心自己從社區計畫轉到較簡單的班級會是她未來申請大學的污點，但她也重申相信自己做的選擇是正確的，也認為這個經驗幫助她學會「規劃輕重緩急」：

> 因為種種壓力，我真的已經對這所學校感到很厭煩了，妳會收到一、兩封信上面寫著：「噢，恭喜，妳是成績4.0的學生」之類的話……但那也讓我的思維卡在功成名就這件事上……因為那很奇怪地讓我覺得，如果我不成功的話就會被遺忘，或是會淪落到被困在一間小辦公室做我討厭的事。……但我很自豪我離開了（社區計畫），雖然在學業方面我向後退了一步，但當時我不得不離開，而且離開讓我變得更堅強……我只知道我不會允許自己被困在一個環境中做不喜歡做的事。

就像本研究中的其他學生一樣，蜜雪兒也認為自己在高中所學的和她未來的職業大有關聯，而她擔心如果自己在學業方面不成功的話，日後在人生中就無法「成功」。她也知道這種過於看重成績，卻對一個人的學業需求漠不關心的體系是很荒謬的。她明白享受學習過程，以及找到能夠自由追求她的學業興趣的價值。在某一方面來說，蜜雪兒是因為有一位充滿關愛的老師的指引，以及大力支持自己的同儕，才能發現她在戲劇科中所獲得的自由和支持，但她也對自己被迫犧牲才能繼續做這件喜歡的事而感到挫折。她相信自己「適切玩弄體系」是為了「讓自己生存下去而不會發瘋」，但她也想過，如果高中的設計能夠遵循荷里森小學那種原則的話，不知道會怎麼樣。如果她的一些課程能夠更加符合她的需求，能夠更連貫地教一些科目，提供學生更多機會去追求他們的好奇心，提倡合作式的學習，而非培養競爭的話，蜜雪兒相信她或許會對高中生活經驗更加滿意。

---

1 這句引言和下一段中的那些引言都是來自理查所寫的一本書，內容是關於社區計畫的創立和教學過程。出於保密理由，我無法引用實際的書名和作者名字。

2 以下關於會議的內容是蜜雪兒從佛嘉蒂老師那裡聽來的。佛嘉蒂老師事後也證實蜜雪兒所言屬實。

3 蜜雪兒對於榮譽課程的看法是根據她和朋友的親身經歷。我在該學期中看過各種不同的榮譽課程，雖然有些和大學預備課程很像，只是進度比較快，其他課程在我看來算是相當有創意。舉例來說，當我在追蹤觀察凱文和伊芙時所見過的一些榮譽課程，就提供了一些非傳統的評估方法，像是伊芙的 NASA 計畫和凱文的 I-search 論文，而至少有幾位學生認為這些比他們的其他作業更有趣也更具挑戰性。

4 凱文也在這個班上。雖然老師認為他也是個「好學生」，但她並沒有給予他相同的信任感。或許這是因為他並未每次都獲取高分，而蜜雪兒是。可能有人會問，那些考試或作業表現不好的學生，是不是就無法從老師和蜜雪兒所建立的那種信任關係中受惠。請參見第七章，了解更多關於師生之間條約和其他成功策略；關於其他教室內條約和協議的資料，請參見鮑威爾、法拉和柯恩（Powell, Farrar, and Cohen, 1985）以及賽德拉克、惠勒、普林和庫斯克（Sedlack, Wheeler, Pullin, and Cusick, 1986）。

5 蜜雪兒對於這次的 SAT 分數感到挫折可能有幾個原因：在一九九五年，SAT 被「重新歸位」以便在測驗的兩大部份（口語和數學）滿分 800 分中，將全國平均分數調整到 500 分。總分 1200 分在一九九五年之前或許會被認為是相當高分，但重新歸位的過程，以及越來越多的高中畢業生（因此有越來越多人考 SAT）導致了全國各地大學的SAT平均分數有了顯著的改變。舉例來說，《美國新聞》（*US News*）和《世界報導》（*World Report*）（2001年2月）列舉了被常春藤大學錄取的SAT 分數介於1360（第25個百分位）以及1590（第75個百分位）之間。加州大學體系的平均分數則包括柏克萊的1315、加州大學洛杉磯分校的1285，以及加州大學爾灣分校、加州大學戴維斯分校，和加州大學聖塔芭芭拉分校的1200。諷刺的是，凱文的父親要求凱文重考SAT以便達到他的目標1200分，但這個分數實際上比他的目標大學柏克萊的平均分數還低。（感謝麻州貝爾蒙特的貝爾蒙特山丘學校的芭芭拉．梅爾芙恩〔Barbara Melvoin〕提供我這項關於SAT分數改變的資訊。）

6 她去年告訴我說她想寫一本小說，但她的老師警告她那「不能算學分」。

7 艾略特．艾斯納（Elliot Eisner, 1994a）和其他人都寫過令人信服的論點，表示學校內需要藝術教育的需求正是因為它們能夠促進那些無法在一般課程中發展出來的思考和技能。亦請參見沃夫（Wolf, 1992）的《課程研究指南》（*Handbook of Research on Curriculum*）中一篇針對藝術教育研究的評論，以及希斯和麥克洛弗林（Heath and McLaughlin, 1993）針對校外藝術課程的價值所進行的研究。

8 這種反應似乎和杜伊（Dewey, 1938）所稱的不平衡感相吻合，這是促進成長的教育體驗中一個關鍵要素。

9 蜜雪兒在演出《有色人種女孩》（*Colored Girls*）的時候我還沒有追蹤觀察她，因此針對她所經歷的一些變化我無法用我的觀察證明。但我確實觀察了她其他的演出，下方就是我針對演出的一些描述。

第6章 羅伯特・莫瑞拉斯：當價值觀成了絆腳石

羅伯特小學四年級的時候，他的阿姨每天晚上都會開車到他家去教他閱讀。羅伯特有很多不懂的英語單字，成績也比班上同學落後。他知道阿姨工作了一整天已經很累了，但她「無論如何總是會給予支持和鼓勵」，幫助他讀懂那些故事，並回答課文裡的問題。他一邊訴說著她和其他家庭成員花了多少個小時陪伴他，一邊拭去了眼角的淚水。他很感激家人的支持，也對於「他們給予他相信自己的那份精神感到很幸福」。

我的家人們百分之百地支持我。無論我做什麼，他們永遠都會支持與鼓勵我。他們會說：「如果你需要任何幫助，不管幾點都可以打給我……」而且他們感到非常驚訝，因為我在這麼小的年紀，就已經決定要上大學，而且想要主修電機工程，我還是在聖誕節的時候當著所有人的面宣布的。那就像是我送給所有人的聖誕禮物，我媽媽和奶奶都哭了，她們都很高興，然後說「噢，你會繼續念下去，一直念到大學的」之類的話。那是因為，在我們家……在所有的家族成員當中只有兩個人念了大學，所以有另一個家族成員想要念大學可是件大事……我媽沒念大學，我爸也沒有，而且，我想要為我妹妹做個好榜樣，因為她很敬重我……你知道，想到有人在背後支持與打氣，讓我無論如何都想要盡力達成目標。

羅伯特的家人在幾年前搬到了郊區，距離他的阿姨和姨丈的公寓大約一小時車程，當他週末去阿姨家拜訪時，阿姨會教他作業。他的母親在當地一家商店工作，下班後也會幫他，尤其是一些西班牙語課的作業。他的繼父雖然是個卡車司機，經常好幾個禮拜都不在家，但他還是抽空和羅伯特一起做了一份關於他們家族拉丁美洲祖籍的英語課報告。羅伯特把這份報告稱為該年度最重要的一份學校作業，因為那讓他和父親更親近，也讓他們倆「除了晚餐時間之外，偶爾有更多時間相處」。[1]

羅伯特的親友都叫他「伯特」或「伯提多」，並且親暱地稱他是「天才」。他說有一次他帶了一些作業到社區的游泳池去，和朋友游泳游了一個下午，當幾個鄰居男孩看到他的課本時，他們稱讚他很用功，並對他修的科目感到驚訝：

我的朋友都說：「哇，你已經在修進階代數了嗎？」、「天啊，你真聰明，你根本是天才，你應該幫我補習。」而我也確實幫其中一些人補習，我媽也在場，還有我爸，他們全都為他們的兒子感到很驕傲，面帶著微笑之類的。而我在想，他們講得太誇張了啦。

他的表姐比他大一歲，和他一樣就讀費爾克斯特高中，她也同意那些朋友的說法：「他比我聰明太多了，真的很令人羞愧，而且他才是個十年級生！……這就是我表弟，一個高材生！」羅伯特臉紅了一下，試圖淡化她的誇讚：「她都會教我英語，而我教她數學，互相啦！」另一個朋友也插嘴說：「他有超多學分的，天啊，他幾乎今年就可以畢業了！」

後來，羅伯特解釋說，他的很多鄰居朋友在學校成績都不好。他是那群人中少數幾個在上大學先修課程，而且很用功讀書的。他也是唯一一個固定在成績單上拿到A和B的學生。他對於朋友的缺乏動力感到很挫折，也很難過自己想幫助他們的心被冷落了：

其中一些人，他們就是，他們真的不在乎。然後，我會很氣他們。我會用拳頭捶他們。我會打他們……我會這樣砰一下過去（假裝打我的手臂）說：「你是哪裡有問題？你需要幫忙，為什麼不來找我？」有時候他們會來找我，（當）他們來找我的時候我會很驚訝，但大多數的時候，他們好像根本不在乎。就像剛才來找我的那個傢伙，你知道的。我認為他……他說他英語不及格，世界研究也不及格，好像數學也不及格。我就說：「我明明叫你來找我的。」他卻回說……「不，別管我，別管我。」

羅伯特很少會這麼憤怒，他很擔心這些朋友，因為他曾看過社區裡較年長的男孩由於對學業漠不關心，最後「因為毒品或幫派而毀了一生」。羅伯特下定決心不要和他們一樣，也希望能夠說服朋友們和他一樣「相信自己，關心學業」[2]。

因為羅伯特和這些男孩不同班，再加上他花很多空閒時間在讀書，他很少在上學的時候和這些鄰居朋友互動。相反地，他喜歡和班上的同學混在一起，他稱呼他們是「聰明的白人朋友」。他們會一起走在學校的走廊上，唱一些亂七八糟的歌和開玩笑。在上體育課的時候，他們會不停聊天或抱怨，藉此偷懶不做規定要做的熱身。他們嘗試抵制在三十二度的高溫下被迫跑長達一英里的戶外操場，可惜沒有成功。當老師堅持要他們跑的時候，他們選擇倒著跑「以示抗議」，羅伯特還用誇張的步伐帶頭跑，讓其他同學爆笑不已。在其他課堂上，像是生物、代數，以及英語，羅伯特和這些朋友大多數都很認真專心，有時候會彼此傳紙條，但通常都很安靜、有禮貌，並且專心於手邊的課業。

事實上，羅伯特是我觀察到少數幾位經常聽老師的話並且遵循的人。當老師要他們安靜時，他就會閉嘴；當老師說「開始做作業」，他就會打開書開始寫作業。他一直都很尊重老師，也因為他的表現良好，大多數的老師似乎都很信任他，也對他很好。許多老師會請他幫點小忙，像是到出勤辦公室傳話，或是幫忙佈置布告欄，有一位老師甚至問羅伯特是否願意和一位轉學生共用置物櫃幾週，直到她有自己的置物櫃為止。通常羅伯特都會默默同意這些請求，即使有些可能會對他造成不便，例如上課遲到。他的正向態度和那張微笑的臉使他深受愛戴，還有好幾位女同學暗戀他，會塞情書在他的課本中，偶爾當她們很幸運搶到他正後方的座位時，也會偷偷地搔他的頸背。

在工作方面，羅伯特也很受歡迎。他是當地一家速食店的副經理，每週工作大約二十到三十小時。他在週末和週五下午的工時原本是每天七小時，但最近他也很常被安排在週末下午四點到晚上十點上班。他承認在餐廳工作這麼長的時間影響了他的學業，但他正在接受成為店經理的訓練，而且「雖然有法律規定（未成年人士）只能工作多少個小時，雇主卻總是很需要你」。他們仰賴羅伯特幫忙寫每日報告、製作考勤單以及電腦方面的工作，因為很多全職的經理英語都說得不太好，電腦方面也不太靈光。羅伯特對他的工作感到很自豪，說自己在那裡是「領導者」，還可以「學習真實生活中的技巧，像是如何待人處事，而那很令人興奮」。不過，他依然希望可以「在工作和學校生活之間找到平衡」。他需要錢來支付學校的文具、衣服、午餐、交通費，「幾乎是所有費用」，因為他的父母很少有多的錢能夠挪用。事實上，羅伯特的繼父還欠他八百美金。羅伯特希望當他今年夏天考到駕照後情況能夠有所改善，這樣他就可以開車上班，省下從學校搭公車到餐廳的漫長通勤時間，或者，更好的是，等到他滿十六歲，就可以在超市找到一份薪水更高的工作。

被家人和朋友捧為天才、被許多老師喜歡和信任、以及被同事所尊敬，羅伯特應該要對自己和自己的成就感到很滿意才對，他卻很煩惱未來，並因此感到焦慮。他能夠考上心目中理想的大學嗎?他能夠實現夢想，成為電機工程師嗎?他能夠像學校的輔導老師給的忠告那樣「持續拿高分」嗎?他要如何平衡工作、學業和家庭的責任?而且他心想，他這麼認真念書，為什麼卻無法像他那些「聰明的朋友」一樣拿到A那種成績，尤其是他努力的程度似乎和他們一樣？

雖然他的父母和老師都對他上學期GPA 3.4感到滿意，但羅伯特卻不滿足：

> 我想要每一科都拿到A，但我不知道，我太苛求自己了……太沒有自尊，可是真的很難。我是說，我全力以赴，卻得不到我想要的。例如，我在所有的讀書習慣方面都全力以赴。我每個小時、每天都在念書，如果家裡太吵，我甚至會跑出去，或是把大家都趕出去，我告訴他們：「去吧，這裡有一些錢，去買東西吃還是什麼的。」我會念書，然後我告訴他們：「我沒打電話給你之前不要回來。」但等到考試的時候，我腦子就一片空白，那真的很煩，然後當我得知成績時，那才是最煩的……
>
> 真希望我可以拿4.0。我只是想要感受一下拿那種成績的興奮感，我想要感受一下4.0。我的朋友上學期就拿到了，而他只不過是普通人。他把他的問題推到一旁，專心念書。真希望我也能做到。我想要做到。

就像凱文和伊芙，以及其他無數人一樣，羅伯特也是成績陷阱的受害者。他的學校經驗已經變成只是在拚GPA，而且不是因為那代表學到了豐富的知識，而是學校、老師、輔導老師、社區、大學，以及其他人都讓GPA變得很重要。對羅伯特而言，4.0代表的不僅是進入柏克萊（他的大學第一志願）的可能性，或者是取悅他的家人，還代表在學校的成功，對他而言，

4.0 代表的是「達到那個更高的境界」，和他那些「聰明的朋友」看齊，並相信自己是「有才智的……不只是足以通過課程的聰明，而是有才智的那種聰明」。

今年羅伯特未能達到這個目標。儘管他很拚命讀書，他的成就也是值得讚揚的，但羅伯特覺得他「讓自己失望了」，因為沒有達到 4.0。雖然在他人眼中羅伯特是成功的，但除非達到某些朋友所擁有的，否則他是不會滿意的。雖然對他而言追求 GPA 滿分是一種難能可貴的動力，但那也成為龐大挫折的來源：他的努力付出為什麼沒有回報呢？

用功

羅伯特在學校的做事方法是「坐下、讀書、把事情完成」。在他不需要去餐廳工作的日子，他喜歡一下課就直接回家，花兩到三個小時做作業。他會小心翼翼地把作業記在一本手掌大小的記事本裡，完成一項作業後就打勾。不過有時候，如果晚上要工作的話，他都要到晚上十點或十一點才到家，也會擔心自己跟不上進度。在那些夜晚，他只有時間做一兩堂課的作業，所以只能在休息時間和午餐時間匆忙做完其他的。雖然這種忙碌的步調對凱文和伊芙而言是家常便飯，但羅伯特卻很不習慣這種最後一刻才急急忙忙把報告和問題做完的做事方法。他會很氣自己沒有熬夜或早起把作業做完，因此變得沉默寡言或悶悶不樂。在某個壓力特別大的早上，羅伯特解釋：

> 我只是不喜歡把事情拖到最後一刻。我去年就是那樣……但依然（準時）交了作業。我不想再那樣了。我不應該在平日工作的，因為拖到最後一刻那種壓力實在太大了。我們在健康教育課上學過關於壓力的事，那是我不需要的。

在課堂上，羅伯特也試著用功學習。當老師在課堂上給學生們時間做作業或是預習時，他是少數幾個會立刻打開書本的。雖然他偶爾也會因為和朋友聊天或讀情書而分心，但羅伯特通常都會專心聽講，並且認真筆記。當有一半以上的同學都在那裡胡鬧或作白日夢時，羅伯特的眼睛都緊盯著黑板，或是埋頭於課本中。不像本研究中許多其他學生，習慣在應該要認真聽講或回答問題時同時做其他的事，羅伯特很少用課堂時間做其他科的作業。相反地，他喜歡事先完成作業，然後幫助別人。舉例來說，在西班牙語課，他都能比其他人更早完成單字練習，然後自告奮勇地走向一位在等老師注意到她的學生身旁，主動教她那些她不懂的字。同樣地，在生物課上，他會比其他那些花了二十分鐘聊電視劇的同學們提早完成實驗和圖表作業。有一個男孩注意到羅伯特的彩色圖表，然後大喊：「伯特做完了?他一定是作弊。」羅伯特則回答：

「伯特從不作弊。」這是真的，他只是很會善用時間。

羅伯特所採用的另一個策略是試著閱讀，尤其是英語課規定的小說，而且會看不只一次。他身旁放著一本字典，辛苦地閱讀每一本書，第一次「只是為了看懂裡面的字和故事內容」。然後，他會認真再把這本書重新閱讀一次，留意書中的細節和「更深的寓意」。這學期，他就用這種方式閱讀了《我知道籠中鳥為何歌唱》（*I know why caged bird sing*），以及《祝福我，鄔蒂瑪》（*Bless me Ultima*），這是很了不起的成就，尤其是他能做學校作業的時間那麼有限。不過，他依然對自己無法閱讀其他規定的書一次以上而感到挫折，並相信自己就是因為這樣才考不好。

羅伯特很清楚自己用來出人頭地的策略，他把自己歸類為用功型的人：「我總是盡全力努力，隨時隨地、時時刻刻。我沒有時間可以鬆懈。」他也很快承認他的部份成功要歸功於自己能夠在需要的時候尋求幫助：

我不是說我很聰明，有時候我會考一百分，但那並不表示我是個書呆子或是我很會念書，那是因為我會尋求幫助，而且，我不應該因為尋求幫助而感到丟臉。這沒什麼好丟臉的……去年我在英語課拿了C，主要是因為我的寫作很差，但我卻沒有尋求幫助。我對於自己需要幫助這件事感到很丟臉和不好意思。我也沒有認識任何人可以幫我。今年我認識了很多可以幫我的人，而且我也不再感到不好意思，因為即使是聰明的人有時也需要幫助。

羅伯特經常在午餐時間待在學校的同儕家教中心裡尋求協助，尤其是在英語和數學作業方面[3]。他說他的同儕通常都能比老師或教科書更加清楚地解釋概念：

> 在英語方面，我一天到晚都在閱讀。在閱讀方面我從來不偷懶，但有些東西我就是不懂。我會去問老師，但還是不太清楚。後來我問一個朋友後，我就比較聽得懂了。所以，當我問和我同年齡的人時，我感覺比較好，我知道他們在說什麼……他們會用比較簡單的字，比較簡單的英語。

羅伯特也將自己了解向老師和同儕尋求協助這點，歸功於一門叫做「學習講座」（Seminar On Studying，簡稱 S.O.S.）的課程的幫助。根據費爾克斯特高中的課程指南，S.O.S. 課程是「一門支援課程，幫助那些高等教育中少數群體的學生……該課程幫助學生準備大學入學考試，並提倡為大學準備和進修教育的個人責任」。該課程主要僅限有色人種和母語非英語、GPA 維持2.5以上，有心想要上大學的學生報名。他們鼓勵學生在高中四年都要修這門課，因為對寫作、筆記、閱讀、研究以及演講技巧會有幫助。此外，S.O.S 每週還有兩次家教補習支援，讓學生能夠盡情在作業方面尋求協助。另外，課程中也提供機會讓學生去參觀當地大學，以及參與社區服務，幫助來自貧困社區的小學生。

羅伯特每週都會善用補習時間，請一些較年長的學生教他困難的數學題目、靜靜地在書桌前閱讀，或是跟 *S.O.S.* 課程的艾凡斯老師討論關於他英語成績不好的事。老師也幫羅伯特規劃了一份計畫來改善他的寫作技巧，並且主動提議要和他一起複習《西線無戰事》（*All Quiet on the Western Front*）的筆記，為測驗做準備。和對待課程中的其他學生一樣，艾凡斯老師非常關心羅伯特，花了相當長的時間陪他一起加強學習技巧。她知道他需要多練習演講，也經常要求他在班上重述他的意見：「這次請講大聲一點，做好眼神接觸，說慢一點。」羅伯特對於她的指導絲毫沒有被冒犯的感覺，他很感激她的幫忙，並表示「講座課程最棒的部份，就是艾凡斯老師總是會在那裡教我做作業，幫助我加強領導和說話技巧，以及幫助我冷靜下來」。這裡羅伯特指的是有一次他在學校的停車場和一位親戚起了爭執。他感到極度不悅而且「準備要打架」，後來在放學後經過艾凡斯老師的教室時：

> 她問我怎麼了，我沒有告訴她發生了什麼事，但她知道我很不高興，而她幫我冷靜了下來。她說「放鬆、放鬆」然後她一直把我留下來……直到我冷靜下來，但我從未告訴她發生了什麼事。

就像泰瑞莎和蜜雪兒一樣，羅伯特也在學校找到了一位支持者，一個他能夠仰賴、為他提供協助、願意聆聽並了解他的需求的人。

羅伯特明白向他人求助的重要性，因此也花很多時間幫助別人。他固定在同儕家教中心幫兩位學生補習，即使當他擔心自己無法完成每週作業時也不例外。他說那是因為藉由教導他人，自己也可以把概念學習得更好，而且他很樂於助人。

> 幫助別人是很棒的事……你知道的，我一直在幫一個女生補幾何學，我教得非常、非常慢，好讓她能夠聽懂。她在小考的時候拿了B，因此很感謝我。基本上當我看到課文時，我會念出來，但她不了解。我就會用更簡單的方法解釋，我是說她真的能理解的方法，然後她就聽懂了……她聽得懂我在說什麼，而且幫助別人的感覺很好，因為你能夠讓他們的成績有很大的進步。

他每週也透過S.O.S.課程教一位小學生。當羅伯特來到教室時，他的小「夥伴」就會衝進他的懷中，興奮地告訴他自己的一天過得如何。羅伯特會抱著那個孩子走到書桌前，當那位幼童一邊重寫或繪畫著故事內容時，他則一邊提供鼓勵，告訴他「用顏色塗滿頁面」以及「對別人好一點」，和隔壁的同學共用蠟筆。他們每一堂結束前都會讀一本故事書：「通常我會要他讀給我聽作為練習。我想讓他知道閱讀是很有趣的，因為過去沒有人那樣教過我。」羅伯特很期待每一次的家教，因為在這段時間，他可以不用去想自己的成績，同時還能因為幫助他人達到成就而感覺良好。

在西班牙語課也一樣，羅伯特所扮演的角色是非正式的助教，幫忙翻譯單字或是檢查學生的作業。有時他有四到五個學生圍繞在他的書桌旁，使他無法完成自己的作業。有一天早上他被需要協助的學生打斷了好幾次，於是半開玩笑地宣布：「伯特現在沒電了，請留下您的姓名和電話。」片刻之後他會回去對那些學生說：「沒有啦，我在開玩笑。你剛剛問我什麼？」老師很感謝羅伯特的協助，卻誤以為這堂課對他而言很簡單。老師解釋：「羅伯特不是很用功，但他天生就很聰明。或許他應該去上西班牙語的榮譽課程，但很多母語人士都不會去，因為他們不想多做作業。」其實，就像他的其他課一樣，羅伯特在西班牙語課很用功。他知道大量的西班牙語詞彙，加上願意幫助別人，讓他在這門課上看起來好像是大材小用。當老師看到羅伯特在測驗中拿到很低的B，他以為羅伯特只是懶惰和對課程沒興趣。但根據我的觀察，羅伯特拿到不盡完美的成績是因為他不太懂動詞變化，同時也是因為他在考試和演講時都會極度焦慮，而那份焦慮感影響了他每一科的成績，不只是西班牙語而已。

焦慮

二月七日星期四早上八點十分，我看到了羅伯特在寫《西線無戰事》的英語考卷時痛苦的模樣。我知道他看完了整本書，而且真的很喜歡這本書，尤其是那些動作場景。我知道他前一晚為考試複習了，而艾凡斯老師也幫助他理解了課堂上關於那本書的筆記。然而，當我看到發考卷時他臉上的表情，不禁感到心情沉重。他指著引言出處那個部份緊張地問：「如果回答不出這部份的幾道題目會怎麼樣？」老師只是微笑一下，繼續發考卷。五分鐘後，羅伯特揉了揉他的脖子，哀傷地自言自語道：「我不知道。」接著把頭靠在桌面上稍微發呆休息一下。他皺起眉頭，拿起鉛筆試圖為那些詳細的問題作答。他匆匆地寫著然後停頓下來，匆匆寫著然後又停頓下來。十五分鐘過去了，在其他學生開始寫第二頁之前，羅伯特站起身來往前走去然後交卷。他一臉慘狀地坐回座位，心不甘情不願地打開課本檢查答案。「該死！」他輕聲說道，「我搞砸了。」幾分鐘後，有一兩位學生交卷了。羅伯特闔上課本嘆了口氣說：「我不在乎。」

一而再，再而三地，和我觀察泰瑞莎的時候一樣，羅伯特每次考試都很掙扎。他很用功，也經常在前一天複習的時候證明了自己對課文內容很熟悉，能在其他學生找出答案前大聲回答出生物和數學方面的問題。然而，在測驗那天，他卻總是「腦子一片空白」。

我會很緊張然後癱瘓，這是遺傳我媽的，她念高中的時候也有同樣的問題。我開始注意到這個問題，然後想：「這是怎麼回事？」

我和別人懂的一樣多，但重點是，問題是，為什麼，為什麼我會拿B，但這個人卻可以拿A？如果我們兩人一樣熟悉課文內容……而這是我的錯，誰叫我在考試的時候就腦子一片空白，才會考得這麼差……說到考試，真的就是，天啊，我真的不行，我真的就是會忘記。然後別人考A，我卻考B，那真的只會讓我更垂頭喪氣……那會讓我很自卑，雖然我試著向所有人證明我可以拿4.0……那實在太難了，有太多壓力……或許老師們不應該用成績來評量把一切……每個人都有自己的學習方式。

羅伯特在這學期強調了這一點好幾次。他相信他和朋友一樣用功，有時會和他們一起念書，對一樣的內容所了解的程度似乎也都相同，但他就是無法拿到那種成績。他把他的「考試焦慮」怪罪在遺傳（他說自己「遺傳到記憶力很差」），以及家人和同儕期望他表現良好的高度壓力。雖然他的家人、朋友以及S.O.S. 課程的同學都是他最大的支持來源，長期以來他們也持續帶給他壓力，因為他不想讓他們失望。他想要像他的姨丈一樣念柏克萊，成為一位電機工程師。他把每一次的測驗和小考都看成是邁向目標的重要步伐。只要他的老師們持續用考試作為評估的主要形式，羅伯特擔心他永遠無法取得自己理想中的成績。

他在演說方面的焦慮則是源自於另一種恐懼：「我痛恨表演，或是站在全班同學面前，因為有時候我會口吃還是什麼的，或是說錯話，然後大家就會笑。」不像泰瑞莎，羅伯特並不擔心他的口音（因為也不重），但他比較擔心會「讓自己出糗」，並且在他「不太熟」的人面前顯得準備不足。雖然他從座位上回答問題，或解釋概念給別人聽的時候，似乎都顯得很有自信，他卻很害怕在大庭廣眾面前演講。在健康教育課上，羅伯特被要求向全班展示「他選擇的生活方式」這個主題的海報。他用一些雜誌照片製作成拼貼，但如果不解釋的話觀眾是很難看懂的。雖然那天稍早的時候他花了很多時間向我描述了海報上的圖片，但到了向全班報告時，他還是很恐慌。起初他假裝無法在教室的牆上找到海報，後來當老師在教室角落找到那張海報時，羅伯特只說了兩句話就坐下了。他對於老師在報告方面給他的低分感到十分挫折，並且希望S.O.S.課程和艾凡斯老師的輔導總有一天能幫助他克服對演講的恐懼。

他雖然很害怕在全班面前開口，但羅伯特再怎麼樣也會努力站起來說幾句話，而不是在該門課的作業上拿F。他不明白為什麼西班牙語課上的某些同學似乎完全不在乎成績，他們寧可拿F也不願意嘗試口語練習。他對他的朋友說：「老兄，你難道不在乎嗎？F耶！」每當有同學似乎不循規蹈矩、不試著拿好成績，或是不尊重老師時，他都會感到很不知所措。羅伯特堅信應該要聽從指示、幫助同儕、借課堂筆記給他人、聽學長姐的話。儘管他有焦慮症，他依然試著完成老師的期望。除此之外他完全不知道還有什麼方法可以完成學業。

循規蹈矩

除了體育課（偷懶不進行暖身或緩和運動其實有點像是在鬧著玩），在所有其他的課程中，羅伯特都認真「做好該做的事」、表現出尊重，並且正確地做好作業。諷刺的是，有時他的好意卻害他無法完成目標。舉例來說，當羅伯特有問題想問老師時，他都會舉手，因為他認為那是在教室裡應該有的行為。當老師沒有注意到他的時候，他會持續高舉著手，直到自己無法再將手舉在空中為止。嘗試了幾次都徒勞無功之後，羅伯特就放棄了，之後他解釋說，那是因為他忘了原本要問什麼。當我提到其他學生都直接大聲喊出他們的問題時，他搖搖頭說：「是啊，那真的很沒禮貌。」

當我問他為什麼不打斷老師們的會議，去問問他是否符合資格參加明年的數學榮譽課時，他也給了我類似的回答。羅伯特在三月時就參加了資格檢定考試，需要在那時得知結果以便決定下一年的課表。他的理由是他明年只會上一堂榮譽課，因為不想要讓自己負擔過大，而他偏好數學榮譽班，因為他的興趣是工程學系。他的朋友都勸他走進去打斷會議問出他的成績：「去吧，伯特，不然老師是幹嘛的！」但羅伯特拒絕了：「不，我不能打斷他們。那太沒禮貌了！我晚點再問吧。」可惜，羅伯特知道的時候已經太遲了，他並沒有通過考試。他感到很挫折，因為其實如果他在今年的數學課上拿到A的話（他拿到A^-），他不需要參加資格檢定考試也可以進榮譽數學班。由於他的考試焦慮症，他對於結果並不意外，但等到他聽到結果時已經太遲了，所以無法進榮譽班。換作是其他學生很可能會因此提出陳情，用辯解的方式擠進其他榮譽課程，或是請家長、老師幫他，但羅伯特卻不會。他從未想過要質疑資格檢定的程序，或是把結果告訴艾凡斯老師，她很可能可以為他出面干涉。

類似這種事件層出不窮，但羅伯特依然務實地遵守規則。舉例來說，在討論《祝福我，鄔蒂瑪》的英語課堂作業時，老師要學生們腦力激盪列舉出一份關於人生重大事件的清單，然後根據時間先後順序排列出三到四個事件。羅伯特很快就寫下二十個事件，然後他用筆記本的邊緣劃了一條直線，開始依序列出四個。幾分鐘後，當大多數的學生都尚未開始之前，老師改變主意了：「你們何不列出你們認為重要的事件，然後把每一項都按時間順序排列出來？」在聽到新的指示後，羅伯特嘆口氣說：「噢，我搞砸了。」他把紙撕成兩半，又重新開始劃他的時間軸。五分鐘後，老師再次改了方向，要學生「在事件之間保留足夠的空格，以便寫下評論。」對於許多還在列清單的學生而言，這些指示並不構成問題，但對羅伯特而言，由於他習慣一聽到指派就開始寫作業，老師一直變來變去真的很令人感到挫折。當他用一瓶立可白更改重寫的時候，他呻吟道：「噢，天啊！」然後搖搖頭。換作是別的學生，很可能就會向老師抱怨，或者也許會直接把錯誤的作業內容繳交上去，因為過於挫折而無法再重寫。但羅伯特卻能鍥而不捨，暗自嘀咕卻又不會大聲到讓老師聽見。

又有一次，羅伯特為了要「做該做的事」而問了太多關於如何繳交作業的問題，結果老師和同學都被他搞得很煩。在生物課上，羅伯特花了幾分鐘的時間想要向老師問清楚關於實驗室採樣的指示。他舉手問了老師並未在提出作業時提及的具體細節：「我們需要使用多少瓊脂？為什麼要放在載玻片的四個角落？蒸氣散發後我們應該把海藻標本放在哪裡？」在連續回答了幾個問題之後，老師變得有點不耐煩，唐突地說：「放在任何平坦的表面都可以，這並不重要，羅伯特！」好幾個學生也幫腔說：「對啊，我們趕快開始吧。」之後羅伯特向我解釋，他之所以問那麼多問題，是因為根據過去的經驗，一旦實驗開始了，想要引起老師的注意幾乎是不可能的，他不像其他學生那樣，會大吼大叫喊著老師的名字，直到老師注意到為止，或是忙著打電腦遊戲直到老師巡堂走過去。羅伯特並不想要表現得無禮，也不想要浪費寶貴的時間。他明白如果想要有效率又正確地完成所有實驗，他就需要事先取得所有協助，而且是在實驗開始之前。可惜，這種策略並不適用於這堂課。雖然羅伯特的問題似乎是每個人都可能派得上用場的，但老師和其他學生卻不習慣這種學習方式。他們知道要把事情做完的時間有限，因此他們把羅伯特的詢問看成是煩人的舉動。

在這個案例與之前英語課的例子中，羅伯特勤勉和禮貌的價值觀，事實上卻成了讓他無法把事情做好的阻礙。他很認真，也馬上開始寫作業，然而在這麼做的同時，他和大多數那些拖拖拉拉不聽指示的學生，或是那些在班上不好好聽從詳細指示，因為他們知道只有最後的實驗室報告或章節測驗才會算成績的學生截然不同。如果他們遺漏了什麼，他們總是可以之後再請朋友或老師幫忙，及時完成最終的成品。或者，他們可以爭論是因為老師沒講清楚，所以應該要把這一點列入評估成績的考量。

對於像羅伯特這種和其他學生不同調的學生，老師經常會感到措手不及，他們通常沒有時間去迎合每個學生的需求，他們也期望甚或仰賴更典型、較不勤奮的行為。假如羅伯特和他所說的一樣，跟他那些「聰明的朋友」一樣用功，卻無法拿到一樣的高分，部份原因就是因為他不完全了解自己所處的體系。學校的設計，由於課程時間緊湊，加上教室擁擠，因此會要求學生有一定的行為表現，而羅伯特還沒搞清楚該如何表現才能符合他心目中以及老師眼中的優秀標準。

在校外也一樣，羅伯特努力想要遵守他的價值觀，儘管周遭的壓力讓他無法那麼做。在工作上，他覺得人們都會占他便宜，因為他們知道他是個「好好老師」。當沒有人願意上晚班時，經理就會找羅伯特。他說他嘗試拒絕過，但上司不讓他那麼做。他甚至錯過了對他而言很重要的夜晚：妹妹的生日派對，因為他不能請假。他知道其他人都會謊稱有「急事」或請病假，但他不喜歡這麼做。「說謊是不應該的。」他嚴肅地說，「此外，他們還能找誰呢？」羅伯特希望他在工作上的貢獻有一天能夠讓他當上全職經理，但他也感到挫折，因為他的誠實和強烈的職業道德感讓自己很容易被利用。他持續感到失望，因為他試著守規矩，卻無法得到想要的結果。

或許在他的弱點方面意義更重大的一個例子，是當羅伯特被指控繪畫課秋季班的期末作業作弊。如同羅伯特提過的，不作弊是他的原則。他相信作弊是「罪惡的」，而且「上帝時時刻刻在看著你，所以無論如何，你都會受到懲罰。」他承認作弊這件事在高中很猖獗，但他從來沒有受到誘惑：

作弊，作弊，這種事每次、每堂課都會發生，無所謂……這裡很多學生都會作弊。他們經常會找不敢拒絕的孩子幫忙作弊，他們威脅要揍他們……他們會從你背後偷看，而你也會惹上麻煩，如果……他們作弊的話，就算你根本不知道他們在抄你的……當你的成績是以成績分布曲線來給分時，你必須把自己的成績壓低，讓他們能夠拉高成績，這對於那些真正用功讀書拿高分的人很不公平。

對於一個這輩子從來沒有作弊的人而言，我很驚訝自己表現得這麼好。作弊實在令人感覺不到自己成就了什麼，也學不到可以用在將來的技能，真的不值得……有時候我會受誘惑，因為我覺得：「噢，天啊，我真的不懂這東西。」但我就是做不到。老實說我很容易緊張，而且我就是不想那麼做。我不能從人家背後偷看……絕對不可能。如果我不懂，我會跳過先寫別的，然後再回頭來看。

在我的觀察中，我從未見過羅伯特作弊。我甚至沒見過他用本研究中其他學生所用過、較不明顯、「有創意」的作弊方式，像是抄作業或是練習題；在考試當天不去上學，以便有多一點時間複習；或是從別班的同學那裡打聽消息，以便事先問出考題。當羅伯特告訴我繪畫老師的指控時，我和他一樣震驚。

原來另一個同學和羅伯特交的繪畫作品非常相似。老師要他們模仿某位畫家的畫風，找一個現代題材為主題。兩個男孩都選了同樣的模仿對象，剛好也挑選了類似的主題。羅伯特是在家裡畫的，他的母親也看見他花了好幾個小時作畫，但是當他告訴老師自己沒有抄襲另一位同學的作業時，老師並不相信他。老師說他無法斷定是誰抄襲誰，因此給兩個男孩機會重畫，如果他們選擇不重畫就會拿F。羅伯特對於這項指控，以及老師對他的不信任感到憤怒不已：

> 我告訴他我沒有，但他不相信我……他什麼都不相信，（而那一點）讓我很生氣。因為不信任學生是不對的。你知道，這是把學生的自尊踩在腳下，當他指控我作弊的時候，我整個人，我的腦子一片空白。我說：「我這輩子從來沒有作弊。」然後他給我一天的時間（重畫），我說：「不。」我置之不理。我不想做。我不想再花五個小時畫一幅畫，而且我還有其他作業，結果害我不能做，還有我媽，連我媽都說：「別做，因為你知道你做了什麼，但他不知道。你是在你家花了時間畫的，又不是在別人家……」我媽感到很挫折，我爸也是，因為他們這輩子從來沒有聽過他們的兒子作弊……而且我媽一直都是支持我的，她總是會支持我。她想要去找他談，但我不想惹麻煩，因為每次我媽插手管學校的事，她一定會大發雷霆。她總是會當我的靠山……她很愛我。我不記得是什麼時候，但無論如何，她都會大發雷霆……她不在乎對方是誰，這是尊重的問題，因為他們不尊重她的兒子。

羅伯特相信如果他沒有被誤指控作弊的話，他至少能拿B。老師原本說那幅畫「很棒」，連羅伯特的同儕都同意那是他畫過最好的一幅，他們都替他辯解，而且用盡方法證明他的清白，可惜規定已經定下了。羅伯特在期末作業拿了F，整堂課的平均總成績是C。他原本應該要在春季班修繪畫二的，但他決定不修了。他不想上不相信他的老師的課。

不像蜜雪兒在面對社區課程危機時，仰賴她的父母和那些很了解她的學校教職員的支持，羅伯特選擇不找父母或老師幫忙。他不考慮找艾凡斯老師干預，也不想要母親出面，雖然他知道她是信任他的。他只想要「忘了這整件事」。重畫對羅伯特而言等於是認罪，雖然他的決定影響了他的平均成績，但他認為因此拿高分「不值得」。他知道自己誠實地做了作業，那對他而言就已經足夠了。他看不出還有什麼其他可行的選擇，也不了解為什麼「這種事會一直發生在他身上」。他只是在努力求學並誠實地過日子，但卻覺得處處受阻撓。我們或許可以猜到換作是其他學生，例如伊芙，就絕對不可能被指控。因為全校都認為她是優秀而且值得信任的學生。雖然羅伯特大多數的老師也都很喜歡他並且信任他，顯然這一位老師並沒有同感。學校生活的忙碌步調讓師生之間很難有機會深入了解彼此，而羅伯特和他的繪畫老師也不例外。

同樣地，學校的體系也遏止了師生之間的對話，以至於未能導致截然不同的後果[4]。或許，如果老師和兩個男孩談一談的話，他會發現兩人的畫作相似其實只是巧合而非作弊。尤其是藝術課上這種作業，學生本來就應該要模仿對象，作弊的指控似乎有點過份了。在學校中成功的本質，即便是藝術課這種經常仰賴同儕評論和群體合作的課程，依然是以獨立作業和個別評估為主。我們實在很難想像如果是莫內的學生，當他們試圖臨摹大師畫作時，會被指控為作弊，但在這個案例中，即使是模仿，老師依然覺得有義務把繪畫作業當成是某種測驗，必須獨自完成，才能打分數。另一個令人難過的結果是，羅伯特原本是喜歡繪畫課，並且想要繼續上下去的，但老師的反應卻粉碎了他對這門課的興趣，而且可能是永遠的，因為羅伯特不打算在學校修任何其他藝術課程了。

最後，這個事件是一個重要的例子，顯示出學校在獎勵方面的失敗，並且在某些方面阻礙了學生的良好行為。當我們把這麼多重點都放在成績和個人成就上時，體系似乎導致了不誠實。學生們必須不擇手段地取得成功，即使那表示必須違背正直以取得高分。在這方面，羅伯特缺乏了知識（例如布狄厄〔Bourdieu, 1977〕，可能會把它稱為是文化資本）以在學校達到他心目中的那種成功。他尊重他的老師，不想質疑他們的權威，即使當他們可能有錯的時候。他相信誠實和勤勉，即使這樣做可能會讓他比那些作弊和拖延的學生拿到更低分。此外，他也相信幫助他人，自己能相對地從中獲得協助，即使當整個體系基本上是建立在獨立作業和評估之上。然而，到了學年度末的時候，羅伯特出現了倦怠的跡象，想要好好學習和去上大學的壓力令他難以招架，而他也受到了誘惑，開始想要打破一些規矩。

壓力

在風和日麗、陽光普照的五月，課程即將進入尾聲時，羅伯特在學校的課業方面開始出現落後的情況，很多作業也都是臨時抱佛腳趕出來的。在 S.O.S. 家教課上，他匆忙趕工才勉強交出生物課當天應該要繳交的工作表。他在西班牙語課的鐘響前幾分鐘才開始念書複習小考，而非在前一天晚上認真準備。而他在英語課上把大多數的時間都花在和坐在後面的女生調情上，不理會老師要他「安靜下來認真聽講」的警告。和班上大多數的同學相比，他依然算是比較認真聽講的，而且被老師點名的時候也都回答得出問題，但他的成績卻退步了。他在健康教育課上一項簡單的作業中拿了 C⁻，他在這堂課上從沒拿過這麼低的分數。

羅伯特知道自己在退步。他告訴我說他很難專心。他擔心他的期末成績還有明年的課表。他擔心要準備考 SAT。他懷疑自己能不能進柏克萊。他甚至把從艾凡斯老師那裡拿到的加州大學柏克萊分校簡章貼在筆記本的封面激勵自己。他可以感覺得到夏天的腳步近了，但他必須再撐幾週。然而，壓力卻持續在累積，而羅伯特，照他自己的說法，已經「快被逼瘋了」。

在西班牙語課上，他突然對幫助同儕感到厭煩了。他告訴我說，當班上同學在為期末考複習單字時，他「突然感到十分挫折」。好幾個學生站在他的書桌旁邊問他問題，等著要他幫忙，而他卻大吼：「閉嘴！老師在那裡，他可是領薪水的！他們可沒付我薪水。」他說他對於自己的反應也嚇了一跳，但他已經受夠了。最近他要擔心的事實在太多了，根本無暇去幫助別人。

在體育課上他也發飆了一次，這一次是在游泳池中打水球的時候。好幾個禮拜以來他都不願意談這件事，但後來他終於同意說出事情經過。根據羅伯特的說法，他和另一位學生把這場比賽「看得太重」了：

我不知道該如何解釋。你要在場才會了解。他真的讓我覺得很煩，而我也越來越生氣……結果事情越演越烈，然後我們開始互推對方，後來代課老師要我們兩人都離開游泳池。然後他說：「你們兩個現在好了嗎？」那個男孩說：「好了。」然後他就被允許再度下池，但我說：「沒有。」結果我就得去換衣服離開體育課……反正我也很氣。你知道我也需要冷靜一下。我現在明白，那件事，其實我們雙方都有錯，事情才會發生。但我真的憤怒不已，那天剛好在下雨，所以，雨水其實幫我冷靜了下來……但我是真的很火大。當我走進更衣室的時候，裡面只有我一個人，我用力地推置物櫃，把它都弄凹了一個洞。而且每個人都聽見了，每個人都聽見了……那就好像是，我出氣了，而我是不喜歡拿別人出氣的。

我想把這件事給忘了。事情已經過去了，所以也沒必要再去想了。每個人都說：「快點，你得去幹架，你必須那麼做的。」但我卻覺得算了吧。「如果你想，你可以去替我跟他們幹架……」我真的不在乎他是不是在笑我沒種還是什麼的……我雖然曾經說過一些讓我覺得很羞愧的話，但我敢誠實地說我從來沒有打過架。我上過空手道什麼的，但那只是為了防身，我完全不知道在那種情況下要如何打架。

就像凱文打破了體育館裡的牆壁一樣，羅伯特是如此憤怒，覺得自己需要找個地方發洩。他選擇去打置物櫃而非那個男孩，但爭執發生之後的好幾個星期對他而言是非常緊繃的。他經過走廊時都會快步通過，擔心會再度和那個學生起正面衝突，甚至在學期的最後一天，他告訴我說他依然在「睜大（他的）眼睛（以免那個男孩出現），以防萬一」。他大可以用其他方法處理這件事，告訴代課老師說他已經冷靜下來了，那麼或許他就能夠被允許去打完那場比賽。但他實在太氣了。他發覺自己最近很容易就動怒，有時候他會在回家後「大哭一場」，因為他覺得「壓力破表」。

壓力不斷地增加，一直到了期末考，那時羅伯特變得非常焦慮，只要一想到考試他就會生病。在生物課期末考之前，他待在廁所長達三十分鐘以上，覺得自己快要吐了。他拿了一張椅子坐在馬桶旁邊，試圖安撫自己的緊張情緒。走路去學校的路上讓他感覺稍微好了一點，但當他抵達教室時他又開始覺得頭暈目眩。考完之後，他很確定自己一定搞砸了。

數學課的期末考也一樣慘不忍睹，幾天之後羅伯特承認他違背了自己的一項基本原則。他在瞄到另一位同學的考卷後修改了他的答案，他作弊了，而他感覺很糟。當時老師請羅伯特把收回的考卷按英語字母順序整理好，而羅伯特也同意幫忙，因為他很習慣幫助別人。當他注意到他的考卷，並且和另一位「非常聰明的學生」相比時，羅伯特頓時感到驚慌失措：

我一邊看著，一邊數著我自己和他相比之下錯了幾題，我數完之後說：「噢，我的天哪，我一定要考F了。」然後我想，我應該改嗎？我說：「哇，我真的不應該的。」但我還是改了一題。我告訴自己只改一題，僅此而已。因為我不知道，我不知道他是不是也答錯了幾題。

對於那點我真的感覺不太好。那是錯的，而且萬一被逮到怎麼辦？那就像是，我的天哪，那份考試我就會直接被當掉了。接著我說：「不，我不能那麼做。」連我周遭的朋友們（都在說）：「不要那麼做，你不能那麼做。」然後他們全都用很詭異的眼神看著我，而我最後卻說管他的……他們看著我改了一題，然後我說：「算了，我不能再這麼做了。」……所以就只有那一題，而且真的感覺很糟。我不敢相信我居然那麼做了。

我知道老師通常會出五個不同版本的考卷發給學生以防他們作弊，我問羅伯特怎麼知道他抄襲答案的那個學生拿到的考卷和他的版本是一樣的？他說他也不太確定（「答案模式看起來很相似」），但他認為「老師說有不同版本的考卷只是用來嚇唬大家的」。羅伯特覺得考卷只有一個版本，而且，對於自己的過失已經感到不悅的他，現在又多了一份心理負擔，那就是擔心自己的作弊是否「正確」，還是根據錯誤的考卷而修改了他的答案。就像泰瑞莎錯誤地更改了西班牙語課的遲到紀錄一樣，羅伯特也不太擅長作弊。他告訴我他覺得肚子痛，同時希望自己再也不會有那種需要作弊的需求。根據我對學校體系的了解，我認為他想要如願以償是不太可能的，理由是他對於上大學這件事是備感壓力的。

在某一方面來說，S.O.S. 課程對羅伯特在申請大學的過程中發揮了極大的幫助，引導他修了很多不同的課程，讓他知道關於SAT方面的要求，並且提供像是家教、輔導，以及助學金方面的訊息。通常像羅伯特這種父母在高中畢業後就沒有繼續就學的學生而言，很少能夠得知這方面的福利訊息[5]。然而，專注在申請過程並安排參觀當地大學的同時，該課程也讓學生產生了必須獲得高分才能進入這些學校的壓力。羅伯特現在知道上大學的可能性是真實的，而他擔心如果他沒有達成這個目標的話，他會讓每個人失望，包括他自己在內。

他生活中還包括其他的壓力來源。他告訴我說他的父母在過去幾個月中爭吵得很激烈，他擔心他們可能會離婚。他覺得自己是「夾心餅乾」並且開始「厭惡住在家中」。在他數學期末考的前一晚，羅伯特的父母吵了一架，並且希望羅伯特能夠從中調解。他非常擔心數學考試，覺得自己無法為他父母的問題幫上忙。最後，他帶著書本跑去他表親的家中過了一夜，對他父母生彼此的氣感到挫折，同時也不高興自己失去了寶貴的讀書時間。他認為他們的不斷爭吵影響了他的學業，還有他和他們之間的關係，而他們一直是他「最大的支持」：

他們以為我有很多時間聽他們講，但我沒有……我真的無法和這樣的他們一起生活，因為他們一下子很好，一下子又不合。他們一下子很好，一下子又吵個不停。然後我會很生氣，因為他們會跑過來找我，向我訴說一切，聽起來像是他們要離婚，但他們又沒有真的那麼做……真的，我實在無法和他們一起生活……

如果他們離婚的話，我的生活就完蛋了，你懂的……我無法忍受失去我媽媽或我爸爸，因為就算我覺得他們很煩，他們在我人生中還是扮演著很重要的角色。

雖然所有這些壓力中的任何一項：期末考、父母吵架、大學入學準備、擔心因水球爭執事件而受罰、沒有時間或安靜的地方能夠好好念書，都可能讓一個普通學生在教室中的正常行為產生變化，但這些壓力的組合對羅伯特而言簡直是無法招架。然而，和本研究中的許多其他學生一樣，學校裡很少有人注意到羅伯特的變化，也沒有人知道他的痛苦程度。他在這個學年度結束時感到疲憊和挫敗不已，不僅沒有拿到GPA 4.0，而且對下一年會更輕鬆這點也感到希望渺茫。

「樂趣」

在我們最後一次面談，花了很多時間討論他在學年度末行為方面的改變之後，我問羅伯特是否有哪一點是他想讓我知道的，任何他想要告訴我關於他在學校的體驗。他回答道，「有。

嗯，我是說，對我來說，學校是充滿樂趣的。」當我請他詳盡闡述時，他結結巴巴地說不知道該如何解釋，但仔細看過我的一些觀察紀錄後，就會很明顯地發現有時候羅伯特是很喜歡學校生活的。他喜歡幫助人，替一年級的小朋友家教，和他的朋友一起歌唱歡笑，還有像接下來的例子，也就是當他沉浸在教室活動的興奮之中時。雖然這些時刻不常發生，對羅伯特而言卻是一種稍縱即逝的參與感，他非常投入他所從事的活動，以至於他暫時忘卻了時間和空間[6]：

羅伯特參與了一項生物實驗，實驗中學生們透過顯微鏡尋找沼澤水中是否有生命存在的證據。他的搭檔很快地看了一下然後就開始開玩笑：「看，這是個惡魔，角在這裡，尾巴在這裡。」羅伯特似乎沒有在聽，只是專注地在用正確的方式做實驗。他請老師走過來幫他們在載玻片上找到正確的位置，然後他問道：「T老師，這樣對嗎？這樣對嗎？」老師告訴這兩個男孩該找什麼之後，就繼續巡堂去了。

兩個男孩必須再等十分鐘他才會回來。他的實驗搭檔跑到外面去和朋友聊天。羅伯特感到很挫折。他大聲地喊了三次，「T老師、T老師」，最後一次幾乎是用吼的：「T老師！」最後老師終於過來幫忙了。羅伯特說：「噢，怎麼會這樣，我們（在顯微片上）找到了（一個很好的），但現在又不見了！」老師看了之後熱情地說道：「這很棒啊！你找到水綿了！」羅伯特看了之後也很興奮：「牠游得很快！噢，怎麼會這樣，牠又不見了。我找不到牠了（他假裝誇張地啜泣），牠大概已經死了。」他又繼續找了幾分鐘，然後抬起頭來看到老師已經走了，他的搭檔依然站在門口。他看了看時鐘然後說：「算了，收拾時間到了。」

雖然在接近學期末的時候，可以看到羅伯特確實有一些行為上的改變，例如他會大聲喊老師以獲得注意，但他似乎依然表現出勤勉和積極的學習態度，這和他班上的許多學生截然不同。他想要把作業做好，並找出沼澤生命的證據，所以當他發現了好的採樣時，他是真心流露出興奮之情，而老師也和羅伯特一樣熱衷，並向他的成功致賀，但當老師離開去幫助其他組的同學時，羅伯特卻依然沉浸在其中。他不知道其他學生已經在收拾，並開始寫他們的報告了。他也沒有發現他是唯一一個對於新發現顯露出（至少在表面上）某種情緒的學生。當然，也有其他學生在顯微鏡下找到了水綿，但大多數的人只是在他們的筆記本中紀錄下來，然後繼續進行下一個任務。羅伯特則是短暫沉浸在教材當中，而且在過程中找到了喜悅。接著，他又很快地回到教室生活的現實中，專注在實驗報告上，也就是作業中會被打分數的那個部份，因此也表示那是比參與本身更重要的。

這令我想起我在第一章中所描述過掛在教室內關於費爾克斯特高中價值觀的標語。羅伯特，雖然歷經了一個困難重重的五月，卻體現了幾乎每一項：他準時完成作業、顯露出對求知的欲望、在班上專心且認真參與、尊敬老師和其他學生、在乎他的未來、凡事都盡力而為。然而這些特質，以及他的正直和慷慨，卻未能讓他達到他理想中的ＧＰＡ。在某些情況下，他的勤奮和誠實甚至成了他成功的絆腳石。就像本研究中其他那些覺得在求學的過程中需要妥協自己的信仰和理念的學生一樣，當壓力過大時，羅伯特有時也不得不屈服於衝動，表現出無禮、作弊，或是停止幫助其他人。然而，他也顯現出一種對於學校體系運作的天真。不像其他那些在追求的過程中找到方法操縱學校運作以利自己的學生，羅伯特從未學會摸清學校的底細。相對地，他只是誓言明年要「更努力」，並且希望他的「熱情」和對自己的信心能夠「幫助他順利過關」。他不了解如果他想要達到他心目中的那種成功，除了更努力之外，他也需要「更聰明」地學習。

---

1 羅伯特經常喊他的繼父為「爸爸」。他從未見過自己的親生父親，雖然他說希望將來有一天能去波多黎各去見見他父親的親戚。羅伯特的母親從墨西哥搬到美國，在那裡遇見並嫁給了他的生父。羅伯特是在他們離婚後不久在美國出生的。後來他的母親在羅伯特十歲的時後改嫁他的繼父（也是來自墨西哥）。

2 請參見戴維森（Davidson, 1996）中關於卡拉．查維茲（Carla Chavez）的章節，這是另一個關於拉丁裔學生被分到不同的大學升學班時感到挫折，並覺得自己和鄰居同儕產生距離感的案例。

3 雖然羅伯特是本研究五位學生中唯一使用了家教中心的學生，我注意到該教室中經常擠滿了學生，尤其是在期中考和期末考之前。

4 欲了解更多關於如何透過人際對話建立教室中的關懷倫理學，請參見諾丁斯（Noddings, 1992）和瓦倫瑞拉（Valenzuela, 1999）。

5 請參見如戴維森（Davidson, 1996）所提出針對父母教育程度有限的子女所經歷的「資訊逆差」（p.103）。

6 這種在課程安排方面的參與程度和齊克森米哈里（Csikszentmihalyi, 1993）的心流概念相似，我將在下一章中探討。

第7章 「做學業」的困境

「如果你學會如何操縱體系，那你就能學會如何在高中生存下來而不會發瘋。」

——蜜雪兒・史賓斯

「這就是我的做事方式……我就是這樣做學業的。」

——伊芙・林

學校的輔導老師相信凱文、伊芙、蜜雪兒、泰瑞莎，以及羅伯特代表的是費爾克斯特高中「最優秀的學生」。歷史科的主任多麼希望全班同學都能像他們一樣。他們似乎很用功、有天分、專注。他們的成績好[1]、會得獎和得到表揚、會參與課外活動、從事社區服務，並且幫助老師和校內的行政人員。但在追求這種成功的同時，這些學生也做出了令他們不引以為傲的行為。他們學會了作弊、拍馬屁、簽立條約、質疑學校的決策，並且做出違反學校明訂或暗訂規定和方針的行為。他們的行為經常和許多家長、學生，以及社區成員期望學校所灌輸的特質和價值觀互相矛盾。

在獎勵某些方面的成功勝於其他方面的同時，費爾克斯特高中可能在不知不覺中阻礙了他們希望成就的目標。該校不但無法培養出誠實、正直、合作，以及尊重等特質，反而很可能提倡了欺騙、敵意以及焦慮。

學生們為什麼會覺得需要操縱體系，並且設計狡猾的策略才能出人頭地？他們為什麼覺得被迫要背叛朋友和欺騙老師？他們為什麼要為了將來的成功而妥協犧牲正直？在本章中，我將探討追求學校成功的前提和後果，以及在學校體系中的人士持續面臨的、進退兩難的困境。在像費爾克斯特高中這樣的學校到底能夠學到什麼？代價又是什麼？

就某方面而言，本書所列舉的幾位學生確實代表了費爾克斯特高中「最優秀的學生」。他們聰明地找出哪些行為在學校會獲得獎勵，然後投入追求能夠導致這種成功的策略。每一位學生，雖然在程度上各有不同，有些人也比其他人更有自覺，但他們都學會透過各種不同的技巧來管理他們的工作量：

建立同盟和條約。學校太常被形容為讓學生們覺得自己默默無聞、無能為力的地方[2]。然而，本研究中的學生不是刻意「拍馬屁」，就是藉由他們在學校的課程、人際關係以及活動的本質，因而幸運地找到了解他們，或是願意為他們出面干預的人[3]。這些成年人變成這些學生的擁護者和盟友，願意聆聽他們抱怨、簽立條約、提供信任，並且用各種不同的方式給予善意。雖然這些成年人大多數只知道學生們學校和家庭生活的某些層面，但他們所知道的訊息似乎已經能夠對學生帶來益處。沒有這些成年人的了解和支持，這些學生很可能無法過得像現在這麼好[4]。

一心多用。就像老師們運用教室管理技巧來「控管」學生一樣，這些學生大多數也都設計出他們自己的教室管理策略來控管工作量。舉例來說，除了羅伯特以外，所有的學生都會一心多用，而這個名詞是商界常用的，指的是同時進行好幾項不同的工作。效率專家建議那些忙碌的高階主管善用他們的時間，可以在講電話或參加會議的同時檢閱郵件或簽採購訂單等。在費爾克斯特高中，那些效率高的一心多用者一邊上數學課一邊偷偷摸摸地寫法語作業；一邊在歷史課看電影，一邊背誦戲劇臺詞；一邊假裝在上英語課，一邊為物理課的考試溫書。他們明白他們看起來要一副準備周全、專心一意的模樣，即使他們並非如此。有時候他們甚至誇張到去影印教科書的內頁，以防被逮到桌面上攤開的是錯誤的書本。有些人，像泰瑞莎和蜜雪兒，有公認的條約允許她們可以自由地一心多用而不會有罪惡感；其他人，像伊芙和凱文，則千方百計轉移老師的注意力，像是每十分鐘就舉手一次，裝出一副自己在參與課堂討論的假象。

作弊。就我的觀察，作弊行為的普遍，代表的也是一種教室管理策略。較傳統的作弊方式，像是偷看同儕的考卷抄答案、抄襲，以及仰賴那些被禁用的輔助工具例如小抄，都是學生們用來協助自己不用花太多時間念書就能取得高分的工具。對凱文和泰瑞莎來說，作弊成了一種習慣性的依靠，讓他們能夠「花最少功夫過關」，即使結果差強人意。有些更有創意的作弊方式，像是在課堂討論和口語報告時「臨場發揮」、在考試當天「翹課」以便有更多時間念書、仰賴朋友一起「合作」做應該要獨自進行的作業，都代表了更多既省時又能加分的詭計。像伊芙和凱文這類學生學會了如何明智地運用這些策略，他們知道如何隱藏欺瞞手段，以及在哪些課堂上這些行為是被默許的。

會吵的小孩有糖吃。有時候，這些形式的教室管理需要學生表現得更咄咄逼人。除了羅伯特之外，所有人都選擇在學期中質疑老師打的分數。凱文經常對於測驗和小考考卷上被改正的地方表示異議，常常因此變更高分。泰瑞莎、伊芙和蜜雪兒在不同的場合都去找過校長抱怨教學方式或行政決定。對羅伯特這種拒絕質疑繪畫老師的決定，選擇接受低分的人來說，其他人的那些手法或許看似激進而不恭，但對其他人而言，這些策略是巧妙應付體系的必要手段。在學校體制中有這麼多位學生和這麼多官僚的障礙，只有那些讓自己嶄露頭角、大膽發言並質疑權威的學生才會被聽見。即使學生的表現並不一定保證可以多爭取到一分或是更高的成績，大聲、強烈、定期地抱怨被認為能夠稍微得到較好的成果，尤其因為那些老師的時間都有限，而他們所進行的評估通常都會受到各種因素影響，包括學生看起來有多在乎作業。

這些管理策略，雖然在大多數的情況下都能有效地提高成績和在學校的地位，但同時也會帶來焦慮和挫折。這些學生都不喜歡和他們的同儕競爭，在朋友和成人面前表現得偷雞摸狗，或是妥協犧牲他們的價值觀。他們不喜歡為了成功而選擇的生活方式，也不喜歡需要做出的那些犧牲，但他們同時也覺得自己在這件事上別無選擇。

成績陷阱

一方面來說，學生們認為他們需要拿到好成績、考高分，以及各項的榮譽，才能夠鞏固未來的成功——通常是以高學歷或高薪工作。如伊芙所說：「除此之外我什麼都不想……只想進入（一所常春藤學院）然後成為一位年薪五十萬美金的醫生、工程師，或我想從事的職業。」雖然還不確定自己想要進入哪個行業，但她對於自己的終極目標卻很明確。她想要富有，並且過著這種她已經習以為常的生活。凱文、泰瑞莎，和羅伯特也特別提過他們相信大學學歷能夠帶來的財務優勢。某方面來說，他們的假設是正確的。大學畢業生的就業前景確實比高中畢業生吃香，而薪資也會隨著教育程度提高。此外，由於現在有越來越多的學生都在追求更高的學歷，來自更有聲望大學的學歷，可能也會比入學標準較低或對學生而言學術資源較少的大學更有機會爭取到較高的薪資或就業保障[5]。只要就業市場持續看重某些學歷勝過其他學歷，學生就會認為設法進入信譽良好的大學是有用的，也會因此在高中時期全心全意投注在這個目標上。

另一方面來說，這些學生也想要對自己以及自身的成就感覺良好。他們想要相信自己值得得到高分和地位，以及他們的成功都是自己掙來的。他們試圖將自己的行為合理化，說服自己在做「正確的事」，或是「每個人」在學校都是這樣搞的。但他們無法逃避的事實是，他們對於自己在學校所做的這些決定並不快樂，並且對於他們認為十分有限的選擇也感到不滿意。大多數的人都說他們想要「專心學習」，而不是擔心成績，可以真誠做人而不用妥協犧牲自己的信念。他們不喜歡「操縱體系」或「遵守規則」，更不喜歡為了成績而被迫做出的那些犧牲。

如伊芙所說：「這所學校把學生都變成了機器人……只需要一頁一頁地讀書，乖乖寫作業，做好例行公事。」她和其他人都對於學校如此「了無生氣」感到失望。熱情和參與感少之又少，而學校的例行苦差事對他們的「健康與快樂」造成了傷害。照他們的說法，大多數的人都無法找到方法能夠在學校成功的同時「擁有正常生活」。他們渴望能夠在學業和娛樂之間找到平衡。他們想要抗拒體系強硬把他們變成「高中機器」或機器學生，辛苦地追求高分，卻無需真正學習到教材內容。

青少年通常被認為有太多閒暇時間，並且過度關切自己的休閒活動和社交生活[6]，但本研究中的學生們卻和典型的印象不符。他們的學校生活很早就開始了，比大多數的成年人開始上班的時間還要早整整一兩個小時，而且常常到晚上很晚，要等到練完足球、舞蹈排練、學生會會議、打工職責，以及寫完作業之後才結束。有些學生，像泰瑞莎和蜜雪兒，就因為這種匆忙的生活步調、睡眠不足，以及不良的飲食習慣而經常感冒生病。其他人，像伊芙和羅伯特，因為「每分每秒」都在讀書，因而出現龐大壓力而導致焦慮、腸胃問題，甚至還罹患胃潰瘍（伊芙）。這些學生也希望他們能夠睡久一點，並改善他們的健康，但他們忙碌的日程，包括學校、家庭，以及工作的職責，並不允許這樣的改變。同樣地，他們希望可以花更多時間和朋友在一起、從事其他活動，或是休息幾天，但大多數的人認為他們無法在這麼做的同時依然維持高分。他們知道必須做出選擇，而未來的成功似乎比當下的快樂更重要。

這些學生也抱怨體系似乎對於思想方面的參與和熱情少有支持。在大多數的情況下，他們學習了教材、閱讀了課本，完成了作業，但並不是因為想要或是真正對主題感興趣。學生們通常會背誦事件和圖表，卻不會停下來詢問這些是什麼意思，或者為什麼會被要求學習這些事件。他們都是根據大學要求和成績單來選課的，而且心不甘情不願地接受這些課程中的課表，因為這不是他們所能控制的。舉例來說，蜜雪兒就對於個別科目以「零碎片段」的方式教授感到挫折，因為老師幾乎沒有將美國歷史和美國文學，與她在戲劇或心理學課上所學到的主題之間安排任何連貫性。

伊芙也表示她所學到任何學科方面的知識大部份都是附帶的。每次考完試之後，她說大多數她所背誦的事件都會「被拋出九霄雲外」。她不得不開始寫下一份作業，才能跟得上進度。花時間去深思或投入教材內容只會拖累她的腳步，為她的成績帶來負面影響。因此，學生們通常會從一堂課換到另一堂課，像例行公事般地做作業，很少有時間去深入了解或思考他們剛才「所學的」[7]。在大多數的情況下，他們都會被要求要蒐集事實，但那些事實卻和他們的生活沒有太大交集，並且要準確又有效率地完成任務，根本沒有機會深入探索主題。因此，A這種成績，並不盡然代表學生已經學到並且吸收了學科方面的知識和技能，或是了解了重要的觀念或理論；反之，成績只是證明了學生們擅長於提供老師測驗和小考中所要求的資訊，而且他們背誦了這些事件和圖表（或是從同儕那裡抄來）只是為了要「考好」考試，然後接著準備下一批任務。

如果學生沒有在學校學到課表中應該學到的東西，如果他們沒有深入了解課程中的主題內容，那麼他們到底在學什麼？如伊芙所說的「高中是用來建立適應壓力能力的」，而且只有最佳的「適者」才能生存。用達爾文的生存體系來形容似乎是再貼切不過了。成功的學生會構思出各種策略來讓自己勝過同儕，以及取悅那些位居權勢地位的人；不成功的學生，原因可能各有不同，但都是無法適應生存遊戲的人。他們最終只會獲取低分，在高學歷的競爭過程中被淘汰出局[8]。學生們知道，儘管學校總是說想要「幫助每位學生達成目標」，但並非每個學生都能夠成功。只有少數幾位學生能夠擠進全班前百分之十五，進入榮譽等級的課程。每個班都有前百分之十五，這表示每個班也都有「墊底的」百分之八十五。因此，某些人在學業上的成功（而這也是費爾克斯特高中認可的成功）伴隨的必定就是其他人在學業上的失敗。正如瓦瑞納和麥克德莫（Varenne and McDermott, 1998）在《成功的失敗》（*Successful Failure*）一書中所指證的，美國大多數的學校都是處於這種狀態。

學校體系中的限制

學校體系是建立在只有少數人能夠「成功」的架構上。我們很多人都太習慣這種模式，所以很難看清其中根深蒂固的問題。本研究中的學生和成人都被學校的文化所影響，同時也幫助塑造了這種文化。他們都是基於更龐大的學校體系而做出行為上的適應。那些被認為在這種文化中成功的學生，我把他們稱之為有效的「教室變色龍」。

學生適應。就像變色龍會用鮮艷的色彩來偽裝自己以求生存，在費爾克斯特高中，成功的學生在不同的班上都必須以極為不同的行為表現，來滿足各個老師不同的期待。舉例來說，凱文在法語課上表現得像個小丑，和老師開玩笑並且在同儕面前像個啦啦隊，但他在體育課上則表現得像個認真、激烈的競爭對手。蜜雪兒也是，在戲劇課上的表現是一個樣子，經常像是助教，但她在數學和歷史課上卻不太與人交際，用她自己的速度完成課業上的要求，建立條約以便能夠在課堂上進行其他作業。在每個案例中，這些學生的各種行為全都獲得了獎勵，雖然他們在某一個課程中的成功行為，和他們在其他課程中所表現出來的截然不同。

這種適應的特質，也就是改變一個人的「色彩」來迎合不同老師的行為，對這些學生都很有助益。他們不但學會了顯現出一般的成功體現，像是在不知道答案的時候還能舉手，大多數的學生都學會在不同課堂的老師面前表現出特定的行為。想辦法在高中有效地「遵守規則」本身就不容易，而要想辦法遵守六、七套不同的規則，然後去適應教室行為，以便能夠熟練地遵守所有規則，則是極具挑戰性的事。

希斯和麥克洛弗林（Heath and McLaughlin, 1993）提出的論點是，年輕人需要學習如何在各種不同的環境下做出成功的表現，才能夠在從青春期轉型到成年，以及從學校轉型到就業的過程中生存。其他支持這種論點的人也主張資源方面的需求，例如經濟、社會，以及文化「資本」，來協助促進轉型成功。他們提到在我們今日社區中所存在的不平等，阻礙了某些年輕人，令他們在學校無法取得成功[9]。

本研究中的青少年所獲益的資源，並非是所有年輕人都能享有的。大多數人都有支持與關心他們的父母，確保照顧好他們在食物、居住、衣著，以及安全方面的需求。這些父母替學生出面干預，並且用各種不同的方法來支持孩子的教育，例如幫助他們得以進入特殊課程，和老師及行政人員開會時為學生擔保，甚至連「無故」缺席都不以為意。在某種意義上，這些父母也學會了成功「求學」，在邁向他們子女未來的道路上扮演盟友的重要角色。

這些學生也有其他成年人的支援，例如老師和親戚，會鼓勵他們關於教育的價值，並且提供關於大學以及入學要求方面的訊息。大多數的學生都有很強的識字技能（除了泰瑞莎），能夠理解、表現出成功的體現，並且擁有良好的早期教育經驗能夠練習這些技能。此外，本研究中的所有學生都相信他們的未來可能是值得嚮往的，而且是他們有能力可以塑造的[10]。

伊芙和凱文，他們兩人所來自的社會經濟背景比其他三人略高，因此也比較幸運地擁有較多的資源：他們可以選擇將精力專注在學業和課外活動上，沒有每週必須工作二十小時以上賺錢的壓力和責任。他們有輔助學習的工具，像是獨立、安靜的地方可以做作業；他們專屬的電腦、印表機，以及數據機；還有足夠的錢可以買書、課程，以及能夠幫助他們進入好大學的AP（進階先修課程）和SAT考試的相關費用。羅伯特和泰瑞莎（在某種程度上蜜雪兒也是）就沒有這樣的資源可以利用，也因此，這方面的缺乏影響了他們的學校經驗，也限制了他們的選擇[11]。

雖然在此所提及的五位學生在他們對老師和教室的期望，以及他們適應情境線索方式的理解各異，但他們全都仰賴某種經濟、社會，以及文化資本來幫助他們「融入」學校環境並體驗成功。這些學生（在某種程度上）都很幸運，能夠擁有資源幫助他們適應，同時足夠機智，能夠了解如何善用這些優勢對自己最有利。

然而，適應的優點也是有代價的。那些改變他們行為去適應某些情況的學生，同時也面臨了無名化以及相關的問題。沒有人知道變色龍的「真」面目，也沒有一位老師或行政人員會知道學生的「全貌」，或是他學校生活的複雜程度。舉例來說，泰瑞莎是本研究中行為表現差異最多的一位學生。在她的商業課程中，她的行為讓她榮獲了「傑出商業學生」獎；她很文靜而且表現良好，準時繳交作業，沒犯太多錯誤就完成了「簡單」的作業。然而，在科學和西班牙語課方面，泰瑞莎卻經常缺席。她時常沒有完成作業，毫無準備就去上課，而且對這些科目表現出興趣缺缺（她其實對生物課所教授的主題很感興趣，但在家中的職責和語言上的問題導致她成績落後且表現不佳）。因為她在表現上的差距，有些老師認為她是模範生，有些則覺得她並不成功。她的西班牙語老師很早之前就對我說過：「泰瑞莎這門課很可能會被當。你為什麼不挑我班上比較成功的學生呢？」

這位西班牙語老師根本不可能會知道泰瑞莎在商業課程中被認為是最成功的學生之一。她認定泰瑞莎在語言課上的行為和她在其他課程中是一樣的。她也不會理解泰瑞莎的行為背後的理由。她沒有詢問泰瑞莎的家庭生活或是工作職責（就算她問了，泰瑞莎也不見得能夠解釋清楚），也沒有問關於她在其他課程中的工作量，或是她在擁有「未來」方面的焦慮和挫折感。學校並沒有建立那種架構，讓這位老師能夠了解關於泰瑞莎生活中的這些層面。她每天有五十分鐘的時間要教一堂密集西班牙語課程，而因為她和學生的接觸有限，班上的人數又很多，也因為部門的架構使得她的工作比較孤立，和學校中其他老師沒有太多交集，還有因為她也沒有理由會想要去看泰瑞莎的成績單，或是她在其他課堂上的成績（這被認為是輔導老師的工作，也就是那些需要了解學生「全貌」的人），因此她無法輕易地認識泰瑞莎，進而讓她因此受益。在缺乏了解泰瑞莎生活的複雜性之下，西班牙語老師只能根據她每天在她的第一堂課所觀察到的行為來下評論。

教師適應。本研究中大多數的其他老師其實也一樣。就像瞎子摸象，由於每個人只能摸到其中一個部位，因此對大象有不同的描述，費爾克斯特高中和這種學校的老師們對學生生活中的許多層面其實都是盲目的。許多人都只看到學生的其中一面，而且經常是偽裝的，目的是為了隱瞞身分，以便融入老師的期望之中。學生可能會利用這些面具來隱藏他們的弱點，或是展現他們的強處，但無論是哪一種，老師都只能看見局部，因此經常缺乏能夠更了解學生的有用資訊，或者更糟的是，對年輕人產生誤解。這種對學生了解不完全的情況很可能就是羅伯特遭繪畫老師指控作弊，或是他的西班牙語老師誤以為他懶惰的原因。這或許也解釋了為什麼他的數學老師不知道他竟然對考試有如此嚴重的焦慮感。倘若老師知道羅伯特對考試的恐懼，或許可以提供不同的入學要求讓他進榮譽班。就像蜜雪兒在離開社區計畫之後被理查指控犯規時所說的一樣：「我不敢相信他說我是抱著僥倖心態想逃避！所有認識我的人都知道我不是那種人。」問題是理查並不了解蜜雪兒，至少了解得不夠充足，以至於無法信任她，而缺乏這種知識和信任則是造成重大誤解的原因。

雖然本研究的範圍並不包括密切觀察教師適應能力，但在整個學期中，我不禁注意到老師們似乎也一樣在辛苦地適應進退兩難的困境。他們似乎也被困在一個過度擁擠、沒有人情味、官僚、競爭的學校體系。有太多學生需要認識、太多個人需求需要被滿足，但卻沒有足夠的時間、金錢，或來自行政人員的支持來達成這些目標[12]。對許多老師而言，就像他們教的學生一樣，想要在學校撐過步調忙碌的一天就已經夠困難了：維持教室裡的秩序；「教完」他們被要求的課程、課文，以及教材；履行各種五花八門的文書職責，並且就部門和學校政策與政治的麻煩事進行交涉，更別提還得努力幫助每位學生達到個人目標。

有些老師在某些程度上被迫成了「機器人老師」，表面上裝裝樣子備課、講課和改作業，只是為了能夠盡到和職業相關的那些如排山倒海而來的職責。花費太多時間在任何一項工作或是任何一位學生身上，都可能會打斷一整週的工作進度。在學校裡的每分每秒都至關重要，而我注意到老師們經常和學生們一樣，靠一心多用來節省寶貴的時間。舉例來說，他們會利用一邊放電影或趁學生們在進行小組工作的時候改作業或考卷，他們也會在上課一開始的前幾分鐘進行學生討論。他們還會藉由少出一點作業來圖省事（請參閱第二章中凱文的化學老師），仰賴教科書中的標準化測驗，或是在考卷中剔除簡答題或申論題，因為那些題目一定比較難改，而且又很花時間。和學生一樣，教職人員似乎也會受壓力和過勞所苦。他們也同樣面臨必須考高分，以及幫助學生進入一等大學的壓力。雖然許多老師剛入這行的時候都想要啟蒙、開導學生、激發探求的渴望以及對某些科目的熱情，但大多數人也都陷入了成績的陷阱，於是，培養學生的參與感就被「教完」某些教材、讓學生通過考試，以及找到有效率的方法來彌補過重的工作負荷所吞噬了。

就連那些應該要為學生謀求最高福祉的輔導老師也感到自己被迫勸學生「以成績為重」，而非深入學習教材內容。舉例來說，凱文的輔導老師就告訴他可以在高三時把語言課程從法語轉成拉丁語，以便拉高他的成績，絲毫不顧凱文對該語言的興趣，或是他已經學法語學了好幾年這個事實。雖然通常輔導老師是學校裡唯一對學生的家庭和工作生活有所了解、能夠看到所有課程成績和成績單，因此可能有辦法照顧到每一個人，並且協助達成某些需求的成年人，但他們同樣也必須平衡相互競爭的需求。在費爾克斯特高中，輔導老師每年只和學生見面兩次，每次二十分鐘。本研究中的學生沒有一位曾和他們的輔導老師討論過任何個人問題，他們也沒有機會去思考身為學生的生活，或是談論課程表所帶給他們的挫折感。雖然輔導老師可能想要以這種方式幫助學生，但他們忙碌的日程和對大學入學的側重，使得他們無法那樣做。

學校限制。直接影響學校中學生和成年人的因素似乎特別強而有力，尤其是當這些因素已經行之已久的時候。雖然學校政策會隨著時間有所更動，但泰亞克和庫班（Tyack and Cuban, 1995）這些歷史學家都提到了在學校教室中一種持續的一致性，並解釋這種「學校教育的規則」是因為缺乏有效的改革行動，以至於無法實現根本的教育改變。

因此，本章中所探討的許多學校因素都和多年前沒有太大的不同。舉例來說，學校架構的幾個特定特徵依然持續影響著學生的求學方式。學校的一天被支離破碎地分成六或七堂課，每堂五十分鐘，中間穿插一些休息或自由活動時間。大班制以及老師和輔導老師的過度負荷導致的後果是條約、妥協，以及學生的無名化。分流系統、以大學入學準備為導向、提供基礎（或較低）程度學生的課程選擇較少，使他們難以更換跑道，而且榮譽／進階先修課程只保留給班上前百分之十五的學生。按學科領域區分科系的組織方式，可能導致了課程安排支離破碎、有限的跨學科研究，以及最終師生之間的孤立隔絕。

儘管有一些政策的轉移，以及課程設置方面的改變，高中的課程安排依然和過去幾十年來一樣，並沒有太大的變化[13]，也導致學生和老師都採用了上述的特殊方式去應對。當一個課程的課表被分割成離散的單位和工作內容，但各個單位之間卻沒有太大的連貫性，同時重點又放在學習事實和技能，而非解決問題的技巧或深入了解根本主題和理論時，也難怪學生們會以像機器人般的心態去從事任務，並且對教材的內容和參與都感到興趣缺缺。課程表中沒有安排太多時間讓學生思考或發問，因此他們經常只會埋首進行下一份任務，而不是去理解整體概況。同樣地，當大多數的榮譽和進階先修課程安排都是以大學模式為依據，規定一定要教某些教材為期末考做準備，這時學生們就會專注在最終的結果上：通過考試，拿到好成績。學生們相信課程和他們的人生是不相干的，或是在「真實世界」中是沒有用的。他們會抱怨老師沒有徵求他們的意見，或是沒有根據學生的欲望、興趣、需求以及熱情來設計課表。

最後一點是，從一八〇〇年代晚期以來，高中就仰賴成績、考試分數，以及班級排名來評估學生的成就[14]。在費爾克斯特高中，這些措施導致的是成果導向的教學和學習，教材內容的反覆背誦，以及對於所教授的概念缺乏深入的理解。對成績和分數的看重，鼓勵的是外在動機和競爭的文化。這同時也傾向於注重某些學生的能力並賦予更多的特權，因為經常使用測驗和小考強調的是口語和數學方面的能力，但卻沒有訓練學生必須發展其他重要的技能和技巧。學生的個別成就被認為更勝於合作和群體成功的價值，尤其是透過使用班級曲線和其他限制得高分學生人數的策略。就連每個月的科系獎、榮譽公佈欄、進階先修分數旗幟，以及學校中其他形式的公開表揚，任何提倡個人成就方面的做法都可能是弊多於利的[15]。這些代表在學校中成功的「訊息」，加上強調榮譽課程、大學入學，以及測驗高分的手冊和課程指引，似乎都在引爆激烈的競爭。

麥克德莫（McDermott, 1993）指出，學生自己是無法做到成功或不成功的，每個人（家長、老師、輔導老師等等）在創造貶低或讚揚時刻的編排設計上都扮演了重要的角色。學生和學校的成年人以「爭取成績」之名所面臨的這些進退兩難的困境和適應，似乎遠超過了學校的範疇。那些在高中時期以及之後在大學中彼此競爭高分的學生，終究會在離開學校出社會之後競爭好工作和薪水。因此，我在這裡描述的行為並不僅是發生在這種框架中。當然，許多導致被學生們稱為「求學」的適應行為，都是在學校裡面發生的，而且是學校當前的架構、課程安排，以及評估因素所造成的反應或產物。然而，這些學校因素也受到來自更龐大的外界環境和全國文化中各種錯綜複雜的勢力所影響和塑造。

這是我們自找的

逼學生拿好成績、考高分以及上大學並不是費爾克斯特高中獨有的現象。的確，該社區中的極端財富，以及社區成員在經濟和專業方面的高度成功，刺激了功成名就的意識形態，並且由家長、企業、大學、媒體，以及其他來源所延續[16]。在費爾克斯特這個城鎮，房價遠超出全國平均值，部份原因就是因為人們願意為了本地傑出的公立學校而支付更高的價格。鎮上的報紙刊登著廣告，內容是為產婦精心設計的產前課程，有助於提高未出世胎兒的智商。家長們從孩子還在襁褓中就開始報名標榜著優異學術成就的學前班，但連候補名單也是大排長龍，而且他們還會漏夜排隊，只為了擠進那些最高分的小學。學業成功這種思想早在高中之前就已經流傳，而學生們不僅在六、七年級時就擠破頭想進入前段班，甚至早在十歲時就會參加SAT預試的模擬考。

費爾克斯特和這種地方的人們似乎都對「當第一名」以及幫助孩子取得最佳學歷有一種狂熱。這種成功的動力讓某些家長雇用了昂貴的家教來替孩子們補習，以便能夠在SAT測驗中考取高分。當凱文因為少了50分沒有達到SAT的目標總分1200分時，他的父親就堅持要他再次參加補習課程。凱文並不認為那50分會對他申請進入加州大學有太大的影響，但他父親卻堅持不肯讓步。其他家庭也都會求助於那些費用昂貴，標榜「保證」能讓學生進入常春藤大學的大學申請文書網站。

在一場當地三年級學童的聚會上，費爾克斯特的孩子們熱切地談論著希望長大後能夠上史丹佛或哈佛。這些孩子之所以會這樣說，有部份原因是因為他們的父母也上了這些學校，或是他們的父母曾告訴他們要努力擠進這種學校。他們也學會將名校學歷和地位與財富劃上等號。「我想當有錢人，開凌志（Lexus）。」一位少年這樣說道，「所以我必須都拿A。」他們想要上哈佛或史丹佛是為了取得物質方面的成功，而不是追求對知識和學習的熱愛。很少有人能夠看清事實真相：他們大多數人都無法進入這些學校，而過度看重分數和成績單也可能害他們注定走上失敗之路。

好成績終將帶來巨大財富很可能也是全國普及的觀念。最近一項由美國教育委員會（American Council of Education）所進行的研究指出，百分之七十四的大學新鮮人的目標都是「要在財務上非常富有」。這種態度代表了從一九六七年以來的轉變，當時有百分之八十二的新生表示，他們最關心的是「發展有意義的人生哲學」。該研究也指出，有越來越多的大學新鮮人以3.8或以上的高分錄取，而今天的學生也更傾向於「務實和為了取得高分而不惜走後門」[17]。

這樣看來，像費爾克斯特這種學生們夢想透過學業成功致富，家長和其他人則在孩子年幼時就持續灌輸成就的意識形態以及競爭追求學歷的地方，也不算太奇怪了。因此，和他們的孩子以及孩子們的老師一樣，本研究中的家長也面臨了一些進退兩難的困境。就一方面來說，他們似乎想要鼓勵子女在學校表現優異，並努力進入好大學。但另一方面來說，有時候這些家長又不喜歡伴隨著這種鼓勵所帶來的後果。

根據伊芙的說法，她的父母擔心他們逼她逼得太緊。他們想要她放慢步、調把身體養好，但他們的擔憂來得太遲，在她看來根本是不誠懇的。伊芙已經深信如果她沒有進入常春藤學院，他們和她都不會開心。凱文和羅伯特也有類似的論點。他們在試圖滿足父母對成功的期望同時，都感受到了強烈的挫折感[18]。

這些家長該怎麼做呢？我們可以想像這些成年人都想要他們的子女在學校覺得充實，不靠作弊或妥協犧牲原則而學到教材內容，並且對於他們的所學感到興致勃勃。但這些家長同時也可能意識到，舉例來說，當一位學生選擇犧牲其他科目，把所有時間花在戲劇上時所面臨的風險。或者，當她拒絕服從老師對書面作業的期望，選擇遵從她個人的喜好行事（又或者，也許她決定待在家中探尋尤里西斯的航程會是更寶貴的經驗，更勝於去學校上課一個星期——教育家奈爾．諾丁斯的女兒就在母親的支持下這麼做了），這些學生面臨的是課程進度的落後，他們可能會拿低分，或是不受老師推薦，或者可能會像蜜雪兒的姐姐一樣，覺得讀高中根本不值得。家長可以接受這樣的後果嗎？他們不想要孩子在學校不開心，但也不想要孩子錯過未來的機會。他們不想要施加太多壓力，但也不想要在期望方面太馬虎鬆懈。就像其他人一樣，這些父母似乎也被困在體系的限制之中。

日復一日，我觀察到的都是反映成功和成就重要性的選擇遠勝過其他事，和誠實正直的價值觀相牴觸。從這個意義上來說，家長、老師和學生似乎都表現得和其他美國社會機構中許多成功人士一樣。他們了解妥協的必要性，無論那有多麼令人感到挫折，然後他們發展出策略取得成功，那些策略似乎在教室中和在董事會上同樣管用。在這兩種場合中，人們都會「拍馬屁」、「推卸責任」、「保護」自己，並且「表現出一切都在掌握之中」，即使事實並非如此。如菲利浦．傑克遜（Philip Jackson, 1968/1990）多年前所述，「在某種程度上，要學習在學校如何成功，就必須學習如何偽造我們的行為」，要學習如何當個成功的企業主管、律師，或是美國總統可能也是如此，就此而言，他們全都是年輕人仿效的榜樣。

可能有人會說，由於在學校取得成功以及在其他社會機構表現良好之間，有相當程度的相似之處，因此像費爾克斯特這樣的高中，其實只是在替學生做好進入職場的準備。這些「最優秀的學生」學習將來可以派得上用場的技能，而那些技能確實可能讓他們進入理想中的賺錢行業。這些技能或許不是老師、家長或學生想要創造的，但我們碰到哪種學校其實都是我們自找的，即使是在不知不覺的情況下[19]。在美國的資本主義體系之下，學生都在學習如何競爭，目標都是想要獲勝。套句伊芙的話「打倒其他人」，即使這些行為表現對個人而言是令人感到挫折且不滿意的。

有人可能會問這一切值得嗎？我們難道安於只在學校教這種東西嗎？我們的孩子和社區得付出什麼樣的代價？

雖然精明的學生可能會汲取有用的策略取得好成績和考高分，他們是否獲得了內容知識，以及工作中所需的解決問題的技巧？[20]如果，正如學生們所認為的，他們對於學校課表中的內容只不過學到了一點皮毛，這是否代表他們沒有獲得足夠的訓練能夠上大學或從事未來的職業？我們究竟需要做到什麼樣的地步，才能培養出懂事的公民或高技能的勞工？而這裡所述的學生適應，是否對那些更遠大的目標造成了損害？

最後一點是，當本研究中的學生和其他人回想她們在校內和校外的行為時，他們是感到難以抉擇的。他們想要對自己的成就感到驕傲，也想說服自己是公平誠實地贏得獎勵的。這種合理化的過程有助於提倡美國菁英領導體制的假象[21]，努力和良好的行為表現會讓最有天賦、最值得受到獎勵的人，在高中所認可的方式下成功。然而學生和老師都心知肚明，單憑功績本身，舉例來說，明白教材中的知識、良好的學習習慣，以及批判性的思考能力，是不足以獲取高分進入一流名校的。勤奮和誠實，如羅伯特後來領悟到的，只能讓一個學生的成就到某一個程度，也因此，許多人覺得被迫使用較不名譽的手段和策略來取得成功。

在聽到本研究中某些學生所經歷的一些陷阱，以及他們所面臨的成功代價：缺乏滿足感、睡眠和健康問題、頻繁的焦慮和挫折感，有一位老師搖了搖頭說：「真希望我的學生有那些問題！」她解釋說，她有許多學生經常會被當、很少來學校，並且對於念完高中或是進一步求學顯得缺乏動力。這實際上就是他們求學的方式。她說她寧可學生因為念書太認真而罹患胃潰瘍，也不想看到他們因為完全不念書而面臨失業和貧窮。如果就壞的一面來說，選擇是面對未來的貧窮，那麼就好的一面來說就是取得某種程度的成功，但必須付出相關的代價，換作是我的話，應該也會選擇後者。然而，我質疑這種極端以及宣揚這種有限選擇的體系，讓學生不僅學不到應該要學的課程安排，也不認為他們所接受的教育具有挑戰性或讓他們對其感到興奮。

當我們考慮到上述那些無所不在的因素時，大學的期望、國家的政策、社區和家長的願望，以及那些似乎難以改革，使得我們只能聳肩放棄的學校因素。因為體系過於根深蒂固、複雜，而且範圍過大，我們難以產生重大的改變。然而，當我們去聆聽學生們想要從高中教育中得到什麼，以及他們認為他們需要什麼才能夠當一個有貢獻的公民，並且感覺自己真正成功時，我們或許就能開始看到可能的替代方案，取代上述那種以競爭為主的學校和體系。

「真希望可以不一樣」

當蜜雪兒在舞臺上，泰瑞莎在練習她的舞步，或是凱文在為他的社區服務計畫募集文具的時候，這些學生腦中想著的並不是成績。他們並沒有忙著看時鐘，或是急著想要完成任務。他們也沒有因為各種管理策略或思考著要如何操縱體系而心事重重。

相反地，他們都非常集中在所從事的工作上，充滿熱情地想要用最好的方式把事情做好，也願意長時間埋頭苦幹，直到對成果滿意為止。不顧慮成績或大學申請成績單上的名次，想要好好把一件事做好，這份熱情的內在動機，是我在極少數的情況下所觀察到的一種獨特的參與特質。大多數的時候，這種參與感都是發生在參加課外活動的時候。不過有時候，參與也會發生在學科課程中，就像伊芙的美國太空總署（NASA）作業，或是羅伯特在科學實驗室中驟然發現的時刻。參與的過程時間或許是稍縱即逝，也可能維持好幾個星期一直到作業完成，但在每個情況下學生都對任務感到某種程度的興奮，並且有意願想要做好，無論成績如何。很多時候，學生都相信任務是重要的，並且認為它們會產生真正的成果，可以改變他人的生活。

當本研究中的學生們深入思考他們在學校的經驗時，他們都希望能夠有更多像這樣令人滿足的時刻，讓他們覺得自己真的值得因為所完成的任務而受到誇獎。這其實並不是什麼新的概念。學生在他們的公共服務、藝術，以及專題式活動中所體驗到的參與品質全都和其他那些寫過「理想」學習經驗的研究人員的研究結果相吻合。他們都表示，有參與感的學生會產生內在動機想要把事情做好，會因為過於專注而忘記時間，並且願意多花時間完成工作。有參與感的活動提供學生們練習扮演傳統的成年人角色的機會，產生真正的成果且有助於技能發展，而學生也表示當任務完成後會有更好的成效和更大的滿足感。[22]

學生們表示，他們想要的是更多可以做真正工作的機會，而不是像辦家家酒。這就是泰瑞莎不願意接受傑出商業學生獎、蜜雪兒決定轉出社區計畫、凱文在床頭上方張貼關於「筆友們」的報導的原因。這些學生都渴望他們認為真實的東西。把事情做好獲得真正的成功，和他們平常在學校所體驗到的那種成功是不一樣的。他們想要在學校能夠有更多的參與時刻，並且，最好是能夠支持這種學習方式的環境。

這種地方確實存在，就像蜜雪兒所就讀的小學，讓學生們可以「盡情發揮自己的想像力」同時能夠「做（他們）喜歡做的事並且因此得到學分」。今天，在美國已經有一些學校試著實現這裡所描述的一些對教育的願景。這些學校在課表、學校架構，以及評估方面都做了根本性的改變。有些大幅減少了他們所服務的學生人數，並且降低了學生對老師的比例，以便提倡個人化的教育[23]。如果我們想要幫助學生找到成年人的盟友照顧他們，並且根據學生的特殊需求和興趣協助設計學校課程的話，這方面的努力似乎是至關重要的。

也有一些學校的課程設計避開了傳統的學科領域和課程，集中在深入教導一小部份的觀念和技能。他們選擇的課程規劃主題都是一些核心的挑戰和問題，而且其中許多都能夠應用在校外的世界[24]。

還有一些課程方案則是改變了學生規則和政策，讓高中生活的體驗變得更「人性化」。有些則取消了嚴格的學校課程時間表，採用開放時間的形式上課，並且鼓勵學生多花時間去思考他們在課堂上的體驗。有些學校也取消了某些對學生的限制，讓他們只要有需要就可以去使用洗手間，自由地在課堂上吃喝東西，以及不需要獲得個別允許就可以離校。這些學校信任學生們都能夠負責任地行事，並且了解某些人類需求必須先得到滿足，才能期望學生全心全意專注在課業上[25]。

另類學校也在他們所採用的評估方式上做了重大改變。有些學校用一系列的「精通式展現」[26]取代了傳統的評分體系，讓學生能夠以各種不同的方式來展現他們的所學。他們或許會選擇以一場戲劇演出、寫一份報告、讓老師和同儕現場提問、完成一項作業，或是創造出其他的方式「展現」他們已經精通了某方面的教材內容。

這些只是其中的一些例子，顯示學校在安排課程和滿足個人需求，以促進學生參與感這方面所做的一些努力。他們的成果和持續的努力令人欽佩，但這還不夠。這些另類學校和課程依然必須在仰賴傳統衡量成就的競爭架構和大學體系下運作。因此，「求學」的情境條件依然是不容忽視的。這些條件無可避免地導致一切又回歸到常態，另類學校依然是小貓兩三隻，而且，幾乎在過了九十年之後，在美國大多數的教室依然無法實現約翰．杜伊的願景：促進成長的教育體驗。

一方面來說，我想要對那些創造上述另類學校的努力表示讚揚，他們的成功也令我感到鼓舞。但另一方面來說，我必須相信這種「修修補補」[27]並非邁向實現大規模或長期教育改革的有效途徑。我認為我們需要一個新願景，對在學校的成功以及在美國的成功賦予新的定義。我們需要捫心自問，如奈爾・諾丁斯（Noddings, N., 1992）所提倡的，我們想要自己的孩子享有哪種教育，接著再推動到所有學童身上。舉例來說，競爭的模式以及本書所揭露的腐敗，例如那些成績陷阱和兩面討好的行為；強迫學生變成學校的機器人或變色龍；為了成績和未來的成功而放棄追求真誠和參與感的個人欲望，是否都代表了我們會為自己的孩子選擇的那種教育？我們是否知道我們的學校在教導哪種價值觀？我們是否喜歡在今日社會中所尊崇的成功模式？我們一定要臣服於本書所描述的教育體驗嗎？

泰瑞莎在過完漫長的一天後嘆氣說：「真希望可以不一樣。」試著想像一下如果羅伯特在一個不需要考試的地方，讓他可以用各種不同的方式去展現他的知識，並且感覺自己和他的同儕一樣「聰明」；如果凱文在一個讓他無需感受到壓力而去作弊的地方，像「筆友」這種計畫可以成為學校課程安排中計畫的一部份；如果學校裡的人知道泰瑞莎在家中和工作上的負擔有多大，而這些差事能夠受到重視，並且和她在學校的課程相結合；如果蜜雪兒無需在她對戲劇的熱愛，以及她想要學習跨學科議題和概念的欲望之間做選擇；如果伊芙可以放慢步調，單純為學習而享受學習的過程。我們需要在學校政策、大學入學標準、州政府的架構、課程時間安排、課表設計，以及學生評估等等這些方面，還有在整體的美國體系中做出什麼樣的改變，才有可能實現這些願景？

唯有和高中學生們密切合作並且聆聽他們的需求、挫折以及渴望，我們才能開始尋找這裡所提出的重要問題的答案。沒有他們的聲音，我們在探討有關學校成功的議題上就會錯失至關重要的關鍵。

---

1 五位學生在該學期都維持了至少GPA 3.4，而其中三位（凱文、伊芙和蜜雪兒）則達到了3.7或更高的平均值。

2 賽瑟（Sizer, 1984）；諾丁斯（Noddings, 1992）；希斯和麥克洛弗林（Heath and McLaughlin, 1993）。

3 有人可能會說「在學校建立同盟」可能是我抽樣過程中所產生的結果，因為我是請輔導老師、老師，和行政人員推薦學生讓我做研究的。顯然那些沒有認識至少其中一位這些資訊提供者的學生是不會被列為可能研究對象的。雖然這有可能是事實，但每位學生都提到了找到一位關懷他或她的成年人幫助他們取得某些特權的重要性。無疑地，那些關於有危機的學生以及輟學生的文獻也證實了在學校有知名度以避免被遺漏的重要性。請參見例如：勒康普特和朵爾金（LeCompte and Dworkin, 1991）和赫倫斯坦（Horenstein, 1993）。

4 許多研究人員都注意到在學生、老師，和學校職員之間的「相互依賴性」，成年人對一位學生的看重，提高了學生成就的可能性，反之亦然，學生的失敗也都是老師和學生串通下的產物。在書中對蜜雪兒和泰瑞莎的描述中所提及的那些條約（鮑威爾、法拉和柯恩，Powell, Farrar, and Cohen, 1985）就是這種學生與職員依賴性的雙重本質的最佳例證。請參見例如：勒康普特和朵爾金（LeCompte and Dworkin, 1991）對「相互依賴性」的解釋（p.179）。亦請參見麥克德莫（McDermott, 1993）；艾瑞克森（Erickson, 1984）；賽瑟（Sizer, 1984）；以及賽德拉克等（Sedlack et al., 1986）。

5 請參見例如：克里斯多夫．詹克斯（Christopher Jencks, 1991）針對大學畢業男性與高中畢業男性就業率的比較。亦請參見例如：史奈德和史蒂文森（Schneider and Stevenson, 1999）和拉貝瑞（Labaree, 1997a）探討由於有越來越多學生追求更高學歷，導致對大學畢業生的「未充分使用」和學歷膨脹的後果。

6 葛瑞芬（Griffin, 1993）；范恩、摩提瑪和羅伯茲（Fine, Mortimer, and Roberts, 1990）。

7 在某個充滿挫折感的一天，蜜雪兒在她的心理學課上看了電影《西碧兒》（Cybil）中一個令人感到煩擾不安的片段，然後又在歷史課上看了電影《七月四日誕生》（Born on the Fourth of July）中的暴力片段。兩位老師都沒有足夠的時間幫助學生們去思考電影中那些令人感到不舒服的事件，而蜜雪兒（和我）走出教室的時候其實都很震驚。五分鐘之後，她又必須強顏歡笑地在音樂課上微笑唱歌，彷彿剛才沒有發生過那種令人震撼的事。

8 欲進一步了解「低學習成就」的學生在高中的表現和生活，請參見芭芭拉．波洛（Barbara Porro）在艾斯納（Eisner, 1994b, pp.253-272）中的〈玩弄學校體系：低成就者的手段〉，以及在唐莫爾和寇斯（Donmoyer and Kos, 1993）中的幾個人物描述，特別是寇斯的〈除了我之外沒有人知道我的生活！〉（pp.49-78）。

9 欲了解更多有關因為文化、社會，和經濟資本不平等所導致的教育差異，請參見例如：麥克里歐德（MacLeod, 1987）；戴維森（Davidson 1996）；瓦倫瑞拉（Valenzuela, 1999）；以及艾波和懷思（Apple and Weis, 1983）。

10 許多學生對於他們的未來並不如此樂觀，因為某些都市青年所面臨的是提早死亡的真實可能性，或是持續的貧窮，以至於他們不認為有必要在一個他們絲毫無法控制的體系中為長期目標而努力。欲了解更多有關都市青年對未來目標的態度，請參見麥克里歐德（MacLeod, 1987）；布蘭特靈格（Brantlinger, 1993）；麥克洛弗林、爾比和朗曼（McLaughlin，Irby, and Langman, 1994）；以及奈丁蓋爾和沃佛頓（Nightgale and Wolverton, 1993）。

11 這個觀察在某些方面與史坦伯格（Steinberg, 1996）的研究結果相符。在史坦伯格的研究中，每週工作二十小時以上對學業成就是有害的，因為學生沒有那麼多時間可以投注在學校課業上，而且更有可能因為疲憊而在上課的時候睡著。史坦伯格也發現大多數每週工時太長的學生會選修較容易的課或作弊來「走捷徑」，最後他們都會因為「賺取高額零用錢而感到興奮」進而對學校失去興趣（p.171）。雖然羅伯特似乎沒有因為他的漫長工時或多賺了零用錢而對學校失去興趣，但他確實必須想辦法走捷徑才能維持好成績。羅伯特和泰瑞莎似乎駁倒了史坦伯格在每週工作二十小時以上的青年在學校成就方面的數據資料（因為他們兩人都維持了好成績），但他們兩人也都必須設法管理所喪失的大量時間，通常犧牲的都是他們感興趣的課外活動，以及對大學的期望。

12 泰德．賽瑟（Ted Sizer, 1984）在他的著作《何瑞斯的妥協：美國高中的進退兩難之處》（*Horace's Compromise:*

The Dilemma of the American High School）一書中的第一章提出類似的擔憂。亦請參見鮑威爾、法拉和柯恩（*Powell, Farrar, and Cohen, 1985*）；賽瑟（Sizer, 1996）；艾斯納（Eisner, 1986）；以及麥克洛弗林和泰爾伯（McLaughlin McLaughlin and Talbert, 1993）。

13 泰亞克和庫班（Tyack and Cuban, 1995）；艾斯納（Eisner, 1994a）。

14 泰亞克和韓索特（Tyack and Hansot, 1982）。

15 本研究中的學生所面臨的體系限制，並非費爾克斯特獨有的現象。大多數的這些學校因素在其他文獻中都討論過，而我則在此列舉幾篇：請參見研究關於動機和使用以結果為導向的評估的教育心理學文獻，例如迪威克（Dweck, 1986）；尼可斯（Nicholls, 1989）；寇恩（Kohn, 1999）。關於某些發展學生多方面能力的課程安排的限制，請參見嘉德納（Gardner, 1983）；諾丁斯（Noddings, 1992）；以及紐曼等（Newmann et al., 1998）。關於影響學生學習的學校架構，請參見艾斯納（Eisner, 1986 和 1994a）；泰亞克和庫班（Tyack and Cuban, 1995）；歐克斯（Oakes, 1985）；以及賽瑟（Sizer, 1992）。

16 欲了解更多關於成就意識形態及其美國式的本質，請參見例如史派德勒和史派德勒（Spindler and Spindler, 1990）。

17 曾被弘恩布洛爾（Hornblower, 1997）引述。大衛．拉貝瑞也在他的著作《美國高中的基礎》（*The Making of an American High School, 1988*）以及《如何在學校無需真正學習就能成功：美國教育中的學歷追逐賽》（*How to Succeed in School Without Really Learning: The Credentials Race in American Education, 1997a*）描述這種情況。他承認中產階級藉追求學歷作為社會階層流動的手段並不是新的現象。社會再製理論家長久以來已經記載了階層如何透過學校再生。這些理論家強調了固有的不平等現象，認為這些機構都會對某些中產階級的語言和知識形式給予特別待遇，但不會這樣對待那些傳統上屬於較低階層的。他們也揭露了優渥社會地位和文化資本在傳授塑造教育成果方面所帶來的巨大優勢。拉貝瑞在他的著作中承認了社會再製理論所扮演的角色，但更加仰賴「資格認證觀點」來記錄「社會階層流動目標日益增長的主導地位，這也將教育重新塑造為一個商品，目的是個人地位的實現，並且讓對學歷的追求遠勝於知識的取得。」（1997a, p.5）。拉貝瑞（1997a, 1997b）和其他人，例如戴維提斯和瑞奇（DeVitis and Rich, 1996）；貝拉、麥德森、蘇利文、史威德勒，以及堤普森（Bellah, Madsen, Sullivan, Swidler, and Tipson, 1985）都指出，追求學歷和財富長期以來變得更變本加厲，而「在大多數美國人的心中，這點和出人頭地已經變得密不可分了。」（拉貝瑞，Labaree, 1997a,

p.1），其結果是削弱了教育的其他歷史性的目標，例如培育出有能力的國民，以及有生產力的勞工。簡言之，作者聲稱美國人對社會階層流動的驅動力，在本質上是和其他美國式的理想相衝突的，例如正義感以及公民責任。至於這樣的觀點是否有必要，則已經超出了本研究的範圍。但我確實認為很有趣的是，茱爾絲．亨利（Jules Henry, 1963）在三十多年前就曾寫過類似的主張，表示美國是一個「驅動式的文化」——被它的「成就、競爭、利潤以及流動性」所驅動（p.13），而這些驅動力都和我們的一些價值觀，例如「愛、善良……坦誠、誠實、正直」相衝突……（p.14）。對亨利而言，價值觀代表的是對良好人類關係的想法，但它們不像驅動力一樣擁有體制性的支持。驅動力也吞噬了美國人，它雖然提拔了領導階層，但也讓他們心臟病發作。

18 史坦伯格（Steinberg, 1996）和朵恩布希（Dornbusch, 1989）寫過，當家長保持高度期望、確實執行標準時，對學生是比較有利的，但他們並未討論這種「權威性」風格可能衍生的負面後果，例如學生因為不想讓父母失望因而感受到的龐大壓力。

19 古德曼和麥克德莫（Goldman and McDermott, 1987）在「美國學校的競爭文化」中使用了這句話。

20 列文（Levin, 1998）駁斥了高分和標準能夠衡量學生教育品質，特別是為學生出社會準備的主張。

21 請參見貝拉等（Bellah et al., 1985）以及史派德勒和史派德勒（Spindler and Spindler, 1990）對這種菁英領導體制假象的探討。

22 齊克森米哈里、雷桑德和華倫（Csikszentmihalyi, Rathunde, and Whalen, 1993）發現，有天賦的學生在學習過程產生「高度忘我體驗」的情況下，也就是學生「完全沉浸在某件事，完全忘卻了時間，也不覺得疲倦或是注意到任何事物，全心全意投入在事件本身上面」（p.14），就像泰瑞莎在練習跳舞，或是羅伯特在顯微鏡下方面對微生物時一樣。紐曼（1996）對於參與感時刻的特徵描述，也就是他所稱的「真實成就」，指的是那些擁有的價值遠超過學校的時刻，能夠培養內在的動機，幫助孩童透過練習從事成年人的任務和嚴謹的探討來取得勝任能力。就像是學生在以上所述的「真實」任務和責任。最後，杜伊（Dewey, 1938）認為，帶來成長的教育體驗在某些方面和過去及未來的經驗相關，包括行動、思考以及制定強烈的欲望和目的。學生或許會感到不平衡，就像蜜雪兒對於挑戰性的角色所抱持的擔憂，或是泰瑞莎在遇到新舞步時所感受到的困難，但那也刺激了某種程度的欲望（想要有良好的表現），進而引發積極努力試圖解決問題（泰瑞莎把音樂帶回家勤加練習），產生暫時的「停滯」感（她已經精通了所有的舞步！），剩下來的是學到東西後的產物（舞步以及學會堅持和解決問題）。亦請參見諾丁斯（Noddings, 1992）；希斯和麥克洛弗林（Heath and McLaughlin, 1993）；麥克洛弗林、爾比和朗曼（McLaughlin．Irby, and Langman, 1994）；以及賽瑟（Sizer, 1984）；衛勒屈、魯特、史密斯、萊斯可，和費南德茲（Whelage, Rutter, Smith, Lesko, and Fernandez, 1989）；以及因崔特（Intrator, 1999）在培養學生參與感方面所提出的特殊方法。

23 請參見例如泰德．賽瑟的基本學校聯盟（Sizer, 1984 and 1992），芝加哥的「小學校」計畫，以及赫倫斯坦（Horenstein, 1993）。

24 有一些特許學校和磁力學校（Magnet School）都是這樣運作的，還有聯盟學校和其他在德萊福斯（Dryfoos, 1990）中所提及的；賽瑟（Sizer, 1984）；麥爾（Meier, 1995）；衛德（Wade, 1997）；紐曼（Newmann, 1996）；以及衛勒屈等（Whelage et al.）。

25 請參見在歐克斯、杭特．夸茲、萊恩，和利普頓（Oakes, Hunter Quartz, Ryan, and Lipton）以及赫倫斯坦（Horenstein, 1993）中所描述的那些學校。

26 麥爾（Meier, 1995）對紐約中央公園東學校的描寫。

27 泰亞克和庫班（Tyack and Cuban, 1995）稱這些試圖從裡到外改善學校的改革工作為「一種去蕪存菁的適應性修補」（p.136）。他們讚揚這些努力，並且鼓勵更多這類的工作，讓教育工作者能夠與家長和社區成員同心協力，共同決定高中的目的和目標，同時在教室方面促成正向的改變。

後記

我在費爾克斯特高中追蹤觀察學生已經過了將近三年。本研究中的五位學生都已經畢業，並且搬離了此地，但大多數依然偶爾透過電話和信件和我保持聯繫。我決定寫接下來的幾頁來分享這些學生近期的生活經驗，同時滿足想要進一步了解本書中這些青少年生活的那些讀者的好奇心。

凱文

凱文表示他在高三和高四（編注：美國的高中要念四年）的時候「非常煎熬」。他修的大多是榮譽和進階先修課程，包括進階先修微積分，那門課讓他幾乎「快不行了」。他甚至沒有去考那門課的進階先修考試，因為他很確定一定考不過。不過他很開心地表示，儘管自己在一些比較難的科學和數學科目上感到相當挫折，但他依然把自己的GPA提高到了3.9。不過他提醒我，這是「加權過的」GPA，因為加州大學的體系允許學生加入榮譽和進階先修課程的點數。他決定聽從輔導老師的建議去上拉丁語一和拉丁語二，因為這和他原本想要修的進階法語課程相比算是「簡單」的，而這麼做也對他的GPA有所幫助。「我學到教訓了。」他說道：「我不想再從法語課拿C了。」他知道他需要更優異的成績才能進入加大。他也成功地說服學校的行政部門給他「完整選修學分」，因為他有一學期擔任了英語課助教而拿到了A。通常助教的功績會被記錄在成績單上，但卻很少因為這份工作而取得學分。「還不賴吧？」他說，並對自己的三寸不爛之舌感到很滿意，這是另一種提高GPA的手段。

凱文在提高成績方面所做的努力終於有了回報，讓他被加州大學柏克萊分校錄取了。當我在他大一的時候和他交談時，他似乎還是在用他那套老方法在求學。那時他才剛連續「熬了幾天夜」為工程課的期中考苦讀，並且告訴我說他「完全搞砸了」，而且「真的很擔心」成績。第一個學期，他在歷史、政治學，以及戲劇課的表現都不錯，但他的數學卻拿了C^{-}。因為他在人文學科方面的表現如此優異，我問他為什麼決定要主修工程，他用他父親的那套理論解釋道：

我爸說要申請加大最難的科系，因為那可以讓人刮目相看，而且想要從工程學院轉出來很容易，想要轉進來卻不見得那麼容易。或許真的是這樣吧，但我在這裡已經快死了。這些工程課程對我而言真的很困難，而其他的東西（歷史、政治學等）真的很容易。我知道我瘋了，但我爸根本不可能被說服。我是很難從這個主修解脫了，至少短期內不太可能。

在高中的時候，凱文認真讀書為了取悅他的父親，以便進入一個「好」大學。進了大學後，凱文似乎又再次陷入了成績陷阱中，他拚命想要滿足父親的期望，即使這些期望和他自己的學術技能及願望並不相符。

當我們討論到他的「筆友」計畫時，凱文的聲音就振奮了起來。他告訴我說伊恩的姐姐現在是負責人了，而他打算每年夏天都回家去幫忙整理衣物和物資。去年，他、伊恩，和其他志工在學校捐獻方面「打破了有史以來的紀錄」，而凱文表示他依然對於自己所提供的服務，以及他在費爾克斯特高中所留下的「豐功偉業」感到「非常、非常的驕傲，遠勝過（他所做過的）任何事」。今年他在大學的兄弟會中志願擔任公共服務主任，並且打算要設計一個服務計畫，以滿足柏克萊社區中各種不同的需求。

伊芙

當我在伊芙高四那年打電話給她的時候，她告訴我說我是她「多日以來第一個和她接觸的人」。她在當地一間社區大學裡沒日沒夜地埋頭苦讀準備數學考試，除了偶爾停下來吃點東西之外，她已經三天踏沒出房門了。她很愛上大學的課，尤其是那裡的快節奏和具有挑戰性的作業，但也對長達三個小時的測驗感到擔憂。她拒絕把我們的通話時間拿來當作「休息時間」，並且花了半小時描述她在過去一學期忙碌的課程安排。

伊芙很努力讓自己在生物課保持A+，同時在其他科目保持全A。她對於自己在歷史課上的佛教作業感到很興奮，也很喜歡進階先修英語課程，但擔心老師沒有替她做好進階先修測驗的準備：「目前我們只讀了兩本書，我相信那對於大學預科英語來說應該已經夠好了，但我們得考進階先修考試，而我真的需要她好好幫我們準備。其他班都已經讀了好多，而且準備得也比我們充足。」和她在高中前幾年時的生活一樣，伊芙依然把考試、分數和大學入學看得比任何事情都重要。她依然參加了好幾項課外活動，包括曲棍球、樂隊、去醫院當志工以及學生會，還剛接下了太空研究中心實驗室一份每週十小時的志工工作。她想要把這個經驗寫進大學申請文書中。「今年比去年忙，」她解釋道，「因為除了一般的東西之外，我還要申請大學、面試以及申請獎學金。我又開始攝取咖啡因了（No-Doze 咖啡因片和咖啡），有時候也會在教室裡吃糖果讓自己保持清醒，我又忙又累。」她依然有腸胃問題，而且已經生病了好幾次，「或許是因為壓力吧」。

幾個月後，伊芙打電話來說她「覺得超級無敵沮喪」。哈佛的提前錄取方案已經推遲了她的入學申請，而現在她必須填寫完超過十一所其他大學的申請書和獎學金表格。她已經熬夜了一整晚在填寫耶魯大學的文件，而當她列出她的學校活動清單時，自己都感到「震驚不已」：

事實上我還刪掉了一些，以免看起來過於缺乏頭緒。我是說我把所有的活動以及每週的時數都加起來，結果看起來好像我全都在做正事！看起來我根本毫無生活可言！比方說，我寫下了模擬法庭、音樂課，還有體育，還有我所有的活動，以及中文學校……然後如果你把作業也算進去的話，我真的覺得「我的天啊！」難怪我隨時都覺得這麼累……所以，我把一些看起來不太重要的（活動）拿掉了，而我認為這樣做讓我看起來顯得比較有重心……這真的很難，因為大學都希望你是個比較全面而且平衡的人，還有不能缺乏重心，所以我試著想要讓自己看起來有這種形象。

當很多高四生都煩惱著如何在大學申請書上擠出兩三個活動的時候，伊芙卻擔心該刪掉哪些。諷刺的是，她居然希望自己能夠看起來比實際上更不忙。

最後，伊芙被好幾所常春藤學院錄取。雖然她和她的家人對於她的成功感到很滿意，但她依然對於自己被第一志願的哈佛拒絕感到難過。在深思熟慮之後，她選擇去念普林斯頓大學，並且在開學的前一天寫了一封信給我，信中描述了她對大學生活的一些恐懼：

> 我媽媽非常反對高中生談戀愛……而且對於我的學業非常熱中……現在我可以自由選擇想要把重心放在大學生活的哪一方面……我打算專注在科學方面……但是，我又不想犧牲我的社交生活。令我害怕的是，我不想要像我媽媽一樣當個家庭主婦。我知道我很喜歡人文方面的東西，如果我在未來五十年財務方面能夠獨立並且有保障的話，我可能會主修哲學或人類學。然而，現實幾乎逼我在科學的領域學習，甚至還得特別專攻電腦科學。我並不是說我討厭它，我討厭的是在現實中自己的選擇如此有限，雖然理論上我應該要去學習那種「吸引我的東西」。

就像凱文一樣，伊芙也覺得自己必須主修科學，雖然她偏好人文方面。兩位學生都覺得自己受限於他們父母的期望以及更大的「錢」途。

十一月的時候，我又收到了伊芙寄來的信，信中描述了她對大學生活的失望：

> 我很愛普林斯頓，但也對這裡、自己，還有其他人有一點失望……我發現很多人來這裡都覺得他們必須表現出比別人強的樣子。在我的進階普通化學課就有一種具極度競爭性的醫學院預科氣氛。但另一方面來說，這真的跟高中沒什麼兩樣。

後來，在後續追蹤的電話上，她告訴我過去她一直以為大學會和高中有所不同，她可以放鬆、好好享受生活、用她想要的方式學習，但她發現其實都一樣。她說大學「甚至更激烈」，因為她身邊都是「菁英份子」，大家都和她一樣是聰明絕頂而且好強的人。她在大學裡用的是同樣的手段，這一次的目標是進入醫學院。

她在結束通話前告訴我她的身體「真的在學習如何承受壓力」。她已經三天沒睡，要接著準備少年司法聯盟的研究案例：

我真的很興奮，但我也擔心我的壓力週期又要開始了。他們說人體必須存在於特定的壓力門檻內才能表現出最高水準，但我真的可以再撐四年嗎？

泰瑞莎

泰瑞莎的家人在她高四那年開始之前搬離了學區。她剛被社區計畫錄取，也想要繼續就讀費爾克斯特高中，以便能夠參加該計畫。她的舞蹈老師幫她聯絡了教育局長，在和區公所開了兩次會以及打了數通電話後，泰瑞莎終於獲准留校。就像她在高二那年跟校長開會那次差不多，泰瑞莎很高興自己有勇氣和高層行政人員開會，幫助她達成學業方面的目標。雖然她早上要花四十分鐘的時間通勤上學，而且以前住在離學校幾英里的地方時就已經很難準時到校了，但她深信自己在社區計畫會比在她新家的當地學校得到更好的教育。

當我和泰瑞莎聊的時候，她興致勃勃地告訴我關於她的新課程：「我學到了好多東西，跟去年真的差好多。」她覺得課程「真的帶給她很大的挑戰」：

現在我在家都得做作業了，而且我必須對自己說：「好了，泰瑞莎，去做作業吧。趕快去做作業了。」但那真的很難，因為有時候我真的不太想做作業，就會拖拖拉拉的，但我可以自己決定我想學什麼，還有我想看什麼書，想要念什麼……例如，我讀了一些西班牙裔作家寫的書，還寫了一篇關於全球暖化的報告，以及一篇關於平權法案的大報告。然後我得教一堂長達一小時關於拉丁音樂的課。那很令人害怕，而且我很緊張，但我還是做到了。我覺得我最近在演講方面好像進步了，我沒有那麼害怕了。

我們學了好多平常在學校的其他課上學不到的東西。例如，我們學的都是在一般課堂上不會察覺到的，像是政治那些發生在真實世界的東西，還有環境方面的重要事物。所以我超愛的。

泰瑞莎和她念高二的時候一樣忙碌，不但要忙家裡的事，還有舞蹈活動，但她大幅減少了工作時數，以便能夠多花點時間學習：

我只有在週末才會去加油站打工，而且因為不太忙，所以通常可以在那裡寫作業。平日的時候，我會在早上六點半出門，然後連續上八堂課，中間都沒有休息（社區計畫算四堂課），我會在大概四點十五分的時候到家，然後就得寫作業。不過我會在九點上床睡覺，這樣才不會總是覺得很累。還有，我也不像去年那樣一直生病了，只有感冒，但沒有像去年那麼多次。

在泰瑞莎高四那年快結束時，我們失聯了。她們家又搬家了，而我沒有她的新家住址或電話。我從她的高中打聽到她被舊金山州立大學錄取了，而且打算主修社工系。我後來也向大學的教務處求證到此事，但無法再取得更多訊息。我很高興得知她找到方法讓自己念大學，並且打算從事和人有關的職業，我認為她會很喜歡的。

蜜雪兒

蜜雪兒在高四那年大多數的時間都在唱歌、演戲以及導戲。她在秋季的那個學期演出了超過四十場音樂會，並且在她的進階表演課程中導演了一齣獨幕劇。她比過去任何時候忙碌，而且經常感冒和喉嚨痛。儘管她的健康欠佳，還有忙碌的表演行程，但她在班上的表現依然很優秀，甚至還上了數學榮譽課程，並在社區大學修了一堂化學課。

在蜜雪兒高四快結束時，她在全州的戲劇比賽中榮獲了「最高榮譽」，並且贏得了南加州一間小型大學的戲劇獎學金。雖然她依然不確定自己想不想念大學，原本希望能夠休息一兩年幫助自己做決定，但她又不想失去這筆可以支付學費的獎學金。在六月的時候，她決定接受獎學金，主修戲劇表演。我上次和她交談時，她很享受大學生活，而且也在朝拿到戲劇學位的方向努力。她最近參與了一齣《馬克白》（Macbeth）的製作，而該劇也獲得提名在全國性的戲劇節上演出。當時她也正要跟著一個特別劇團前往倫敦三週。

羅伯特

羅伯特高三那年過得非常成功。他對於自己的高中成績感到很自豪，並且「按照計畫準備上大學」。他對於在英語課的進步特別滿意：

我的英語課上有一位老師非常鼓勵我重寫論文，因為去年，你也知道我並沒有真正重寫過論文。但他鼓勵我，結果，天啊，有一份論文我從原本的C變成了A。我簡直不敢相信；我以前的論文從沒有拿過A。所以我的寫作能力在今年變好了。我會拿B，有一些是C，但不是全部都拿C了。

他對於一門新的電腦課也感到很興奮，因為那可以幫助他練習SAT考試。現在的他「比過去任何時候都確定」他想要去念加州大學，也依然在參加S.O.S.課程，以便幫助他達成目標：

S.O.S.現在對我而言幫助真的很大……我大多數的時間都待在家裡讀書，然後去工作。但這些日子以來我每週都只工作二十小時，而且他們對我很好。我是個經理了，而且工作地點離家很近，所以很好。

一年後，羅伯特在學校的表現依然很不錯。學校的課他幾乎全都喜歡，而且他的成績也是「有史以來最高的」。他唯一不喜歡的課就是統計學一。他原本希望能夠修微積分（一門進階先修課程），因為他認為這會讓他的大學成績單比較好看，但不知道為什麼「規定變了」，結果他被分發到「註冊人數不足」的統計學課。我忍不住想，換成是本研究中的其他任何一位學生，應該都有辦法讓自己被換到想要上的課程。羅伯特缺乏玩弄體系的能力似乎再一次令他感到挫折。即使有 S.O.S. 的協助，羅伯特依然沒有學到像本研究中其他學生所顯現出來的那種對體系的了解與機智。

我後來得知羅伯特被一所加州大學錄取了，但他卻決定去從軍，而非在秋季時去念大學。在他高四那年過了不久他就結婚了，並且驕傲地當了個小男嬰的爸爸。幾個月後他就前往一個位於韓國的美軍基地，而他也考慮在那裡修一些夜間部的課程攻讀學位。一年後我收到他寄來的一張聖誕賀卡，他說他「太忙所以沒有時間上課，但依然打算在日後這麼做」。

附錄

A：本研究五位學生的基本資料

	凱文	伊芙	泰瑞莎	蜜雪兒（第一學季）	蜜雪兒（第二學季）	羅伯特
年級	10	11	10	11		10
性別	男	女	女	女		男
種族	日裔／白人	華裔	墨西哥裔	白人		拉丁裔
住所	郊區	郊區	市區	市區		市區
課程	世界文學榮譽班 歐洲歷史進階先修 化學 代數二 法語三 體育	美國文學榮譽班 美國歷史進階先修 物理進階先修 微積分 BC 進階先修 西班牙語六進階先修 學生會	商務英語 商業美國史 生物 代數一 西班牙語三 商務計算 墨西哥舞蹈	社區計畫 代數二 表演二	獨立學習課 美國文學 美國歷史 心理學 代數二 表演二 進階音樂	世界文學 學習講座 生物 代數二 西班牙語二 體育 健康教育
自由時間	1	1	0	1（社區計畫每天上四堂課）	每天 1 到 2 堂（獨立學習課並非天天上課）	0
課外活動	足球、橄欖球、社區服務	各種社團、委員會、運動、藝術，以及服務活動	墨西哥學生會	戲劇人協會、合唱團、社區服務	（同第一學季）	同儕家教
打工	無	無	每週 35 小時	無	無	每週 20 至 30 小時
GPA	3.7	3.97	3.4	4.0	4.0	3.5

附錄

B：學生在追求成功的過程中常見的行為

類別	行為	凱文	伊芙	泰瑞莎	蜜雪兒	羅伯特
懂得如何巧妙應付體系	建立同盟／簽立條約（對象是老師、父母、行政人員、同儕）	V	V	V	V	V
	作弊（抄襲作業、竄改紀錄、「臨場發揮」、翹課以便有更多時間念書）	V	V	V		V（一次）
	「一心多用」	V	V	V	V	
	每晚至少完成兩個小時的作業	V	V	V	V	V
	「盡最大努力」（超出規定的學校作業）		V		V	V
	參加非傳統課程或計畫（不包含榮譽或進階先修）			V	V	V
	成為「有糖吃的吵小孩」（對老師打的成績／決定提出質疑）	V	V	V	V	
成功的代價	很難完成課外活動或校外義務（每週五小時或以上）		V	V	V	V
	出現嚴重焦慮症或崩潰	V	V	V	V	V
	持續出現健康或睡眠問題		V	V	V	
	犧牲妥協價值觀或理想	V	V	V	V	V

參考文獻

Apple, M.W., and Weis, L. (Eds.). (1983). Ideology and practice in schooling. Philadelphia: Temple University Press.

Bellah, R. N.,Madsen, R., Sullivan,W. M., Swidler, A., and Tipton, S. M. (1985).Habits of the heart: Individualism and commitment in American life. Berkeley: University of California Press.

Bourdieu, P. (1977). Outline of a theory of practice.Cambridge: Cambridge University Press.

Brantlinger,E.A. (1993). The politics of social class in secondary school: Views of affluent and impoverished youth.New York: Teachers College Press.

Chang, H. (1992). Adolescent life and ethos: An ethnography of a US high school. London: Falmer Press.

Coleman, J. (1961). The adolescent society.New York: Free Press.

Csikszentmihalyi, M., and Larson, R. (1984).Being adolescent: Conflict and growth in the teenage years. New York: Basic Books.

Csikszentmihalyi, M., Rathunde, K., and Whalen, S. (1993).Talented teenagers: The roots of success and failure. Cambridge: Cambridge University Press.

Cusick,P. (1973). Inside high school.New York:Holt,Rinehart,and Winston.

Davidson, A. L. (1996). Making and molding identity in schools: Student narratives on race, gender, and academic engagement.Albany: State University of New York Press.

DeVitis, J., and Rich, J. (1996). The success ethic, education, and the American dream.Albany: State University of New York Press.

Dewey, J. (1938). Experience and education.New York: Collier Macmillan.

Donmoyer, R., and Kos, L. (Eds.). (1993). At-risk students: Portraits, policies, programs, and practices. Albany: State University ofNew York Press.

Dornbusch, S. M. (1989). The sociology of adolescence. Annual Review of Sociology, 15: 233–59.

Dryfoos, J. G. (1990). Adolescents at risk: Prevalence and prevention. New York: Oxford University Press.

Duff, J. L. (1996). The best of friends: Exploring the moral domain of adolescent friendship. Unpublished doctoral dissertation, Stanford University, Calif.

Dweck, C. (1986). Motivational processes affecting learning. American Psychologist, 41: 1040–48.

Eckert, P. (1989). Jocks and burnouts: Social categories and identity in the high school. New York: Teachers College Press.

Eisner, E.W. (1986). What high schools are like: Views from the inside. A report to the Stanford School of Education, Stanford-in-the-Schools Project: Curriculum Panel Report. Stanford, Calif.: Center for Educational Research at Stanford.

Eisner, E. W. (1994a). Cognition and curriculum reconsidered. (2nd ed.). New York: Teachers College Press.

Eisner, E.W. (1994b). The educational imagination: On the design and evaluation of school programs. (3rd ed.).New York: Macmillan.

Erickson, F. (1984). School literacy, reasoning and civility: An anthropologist' s perspective. Review of Educational Research, 54, 525–546.

Erickson, F., and Shultz, J. (1992). Students' experience of the curriculum. In P. Jackson (Ed.),Handbook of research on curriculum (pp. 465–485). New York: Macmillan.

Farrell, E. (1990).Hanging in and dropping out: Voices of at-risk high school students.New York: Teachers College Press.

Feldman, S. S., and Elliot, S. (Eds.). (1990). At the threshold: The developing adolescent. Cambridge,Mass.: Harvard University Press.

Fine, G. A.,Mortimer, J. T., and Roberts, D. F. (1990). Leisure, work, and the mass media. In S. S. Feldman and S. Elliot (Eds.), At the threshold: The developing adolescent (pp. 225–252). Cambridge, Mass.: Harvard University Press.

Fine, M. (1991). Framing dropouts. Albany: State University of New York Press.

Gardner, H. (1983). Frames of mind: The theory of multiple intelligences. New York: Basic Books.

Goldman, S.V., and McDermott, R. (1987). The culture of competition in American schools. In G.D. Spindler (Ed.), Education and cultural process: Anthropological approaches (pp. 282–299). (2nd. ed.). Prospect Heights, Ill.: Waveland Press.

Griffin, C. (1993). Representations of youth: The study of youth and adolescence in Britain and America. Cambridge: Polity Press.

Heath, S. B., and McLaughlin, M.W. (Eds.). (1993). Identity and inner-city youth.New York: Teachers College Press.

Henry, J. (1963). Culture against man.New York:Vintage Books.

Hollingshead, A. (1975). Elmtown' s youth and Elmtown revisited. New York: J.Wiley.

Horenstein, M. A. (1993). Twelve schools that succeed. Bloomington, Ind.: Phi Delta Kappa Educational Foundation.

Hornblower,M. (1997, February 24). Learning to earn. Time, 34.

Intrator, S. (1999). Spots of time that glow.Unpublished doctoral dissertation, Stanford University, Calif.

Jackson, P. W. (1968/1990). Life in classrooms. (Revised ed.) New York: Teachers College Press.

Jencks, C. (1991). Is the American underclass growing? In C. Jencks and P. Peterson (Eds.), The urban underclass (pp. 28–100). Washington D. C.: The Brookings Institution.

Kohn,A.(1999). The schools our children deserve.Boston:Houghton Mifflin.

Labaree, D. (1988). The making of an American high school. New Haven: Yale University Press.

Labaree,D. (1997a).How to succeed in school without really learning: The credentials race in American education.New Haven: Yale University Press.

Labaree, D. (1997b). Public goods, private goods: The American struggle over educational goals. American Educational Research Journal, 34(1), 39–81.

LeCompte, M.D., and Dworkin, A. G. (1991). Giving up on school: Student dropouts and teacher burnouts. Newbury Park: Corwin Press.

Levin, H. M. (1998). Educational performance standards and the economy. Educational Researcher, 27(4), 4–10.

Liu, W. T., Yu, E. S., Chang, C., and Fernandez, M. (1990). The mental health of Asian American teenagers: A research challenge. In A. Stiffman and L. Davis (Eds.), Ethnic issues in adolescent mental health (pp.92–112).Newbury Park: Sage.

MacLeod, J. (1987). Ain' t no makin' it: Leveled aspirations in a low-income neighborhood. Boulder:Westview Press.

McDermott, R. P. (1993). The acquisition of a child by a learning disability. In S. Chaiklin and J. Lave (Eds.), Understanding practice (pp. 269–305). Cambridge: Cambridge University Press.

McLaughlin, M.W., Irby, M. A., and Langman, J. (1994).Urban sanctuaries. San Francisco: Jossey-Bass.

McLaughlin,M.W., and Talbert, J. E. (1993).Contexts that matter for teaching and learning: Strategic opportunities for meeting the nation' s education goals. Stanford, Calif.: Center for Research on the Context of Secondary School Teaching.

Meier,D. (1995). The power of their ideas: Lessons for America from a small school in Harlem. Boston: Beacon Press.

Newmann, F. M., and Associates. (1996). Authentic achievement: Restructuring schools for intellectual quality. San Francisco: Jossey-Bass.

Newmann, F. M. (1998). How secondary schools contribute to academic success. In K. Borman and B. Schneider (Eds.), The adolescent years: Social influences and educational challenges (pp. 88–108). Chicago: University of Chicago Press.

Nicholls, J. G. (1989). The competitive ethos and democratic education. Cambridge,Mass.: Harvard University Press.

Nightingale, E. O., and Wolverton, L. (1993). Adolescent rolelessness in modern society. In R.Takanishi (Ed.),Adolescence in the 1990' s (pp. 14–28).New York: Teachers College Press.

Noddings, N. (1992). The challenge to care in schools. New York: Teachers College Press.

Oakes, J. (1985). Keeping track: How schools structure inequality. New Haven: Yale University Press.

Oakes, J., Hunter Quartz, K., Ryan, S., and Lipton, M. (2000). Becoming good American schools. San Francisco: Jossey-Bass.

Peshkin, A. (1991). The color of strangers, the color of friends.Chicago:University of Chicago Press. Phelan, P., Davidson, A. L., and Cao, H. T. (May, 1992). Speaking up: Students' perspectives on school. Phi Delta Kappan, 695–704.

Phelan, P., Yu, H. C., and Davidson, A. L. (1994). Navigating the psychosocial pressures of adolescence: The voices and experiences of high school youth. American Educational Research Journal, 31(2), 415–447.

Phelan, P., Davidson, A. L., and Yu, H. C. (1998). Adolescents' worlds: Negotiating family, peers, and school.New York: Teachers College Press.

Powell, A. G., Farrar, E., and Cohen, D. K. (1985). The shopping mall high school: Winners and losers in the educational marketplace. Boston: Houghton Mifflin.

Roth, J., and Damico, S. B. (1994). Broadening the concept of engagement: Inclusion of perspectives on adolescence. (ERIC Document Reproduction Service No. ED371004).

Sedlack, M.W.,Wheeler, C.W., Pullin,D. C., and Cusick, P. A. (1986). Selling students short: Classroom bargains and academic reform in the American high school.New York: Teachers College Press.

Schneider, B., and Stevenson, D. (1999). The ambitious generation: America' s teenagers motivated but directionless. New Haven: Yale University Press.

Simmons, R. G., and Blythe, D. A. (1987). Moving into adolescence. New York: Aldine de Gruyter.

Sizer,T. R. (1984).Horace' s compromise: The dilemma of the American high school. Boston: Houghton Mifflin.

Sizer, T. R. (1992). Horace' s school: Redesigning the American high school. Boston: Houghton Mifflin.

Spindler, G., and Spindler, L. (1990). The American cultural dialogue and its transmissions. London: Falmer Press.

Steinberg, L. (with Brown, B., Dornbusch, S.). (1996). Beyond the classroom: Why school reform has failed and what parents need to do. New York: Simon and Schuster.

Tyack, D., and Cuban, L. (1995). Tinkering toward utopia: A century of school reform. Cambridge,Mass.: Harvard University Press.

Tyack, D., and Hansot, E. (1982).Managers of virtue: public school leadership in America, 1820–1980. New York: Basic Books.

U.S. News and World Report. (February 2001). http://usnews.com/usnews/edu/college rankings .

Valenzuela, A. (1999). Subtractive schooling: U.S.-Mexican youth and the politics of caring.Albany: State University of New York Press.

Varenne, H. (1983). American school language.New York: Irvington.

Varenne, H., and McDermott, R. (1998). Successful failure: The school America builds. Boulder:Westview Press.

Wade, R. C., (Ed.). (1997). Community service-learning: A guide to including service in the public school curriculum. Albany: State University of New York Press.

Walker-Moffat, W. (1995). The other side of the Asian American success story. San Francisco: Jossey-Bass.

Wexler,P. (1992).Becoming somebody: Toward a social psychology of school. London: Falmer Press.

Whelage, G. G.,Rutter, R. A., Smith, G. A., Lesko, N., and Fernandez, R. R. (1989). Reducing the risk: Schools as communities of support. London: Falmer Press.

Willis, P. E. (1977). Learning to labour.Westmead: Saxon House.

Wolf, D. P. (1992). Becoming knowledge: The evolution of art education curriculum. In P. Jackson (Ed.), Handbook of research on curriculum (pp. 945–963).New York: Macmillan.

高寶書版集團
gobooks.com.tw

FU 096

i 世代的成績陷阱

高分＝美好未來？幫孩子找到責任感、同理心、好奇心、品格力，才是比分數更重要的事

Doing School: How We Are Creating a Generation of Stressed Out, Materialistic, and Miseducated Students

作　　者　丹妮絲・波普（Denise Clark Pope）
譯　　者　蘇祥慧、蔣慶慧
責任編輯　林子鈺
封面設計　林政嘉
內頁排版　賴姵均
企　　劃　何嘉雯

發 行 人　朱凱蕾
出　　版　英屬維京群島商高寶國際有限公司台灣分公司
　　　　　Global Group Holdings, Ltd.
地　　址　台北市內湖區洲子街88號3樓
網　　址　gobooks.com.tw
電　　話　(02) 27992788
電　　郵　readers@gobooks.com.tw（讀者服務部）
　　　　　pr@gobooks.com.tw（公關諮詢部）
傳　　真　出版部　(02) 27990909　行銷部 (02) 27993088
郵政劃撥　19394552
戶　　名　英屬維京群島商高寶國際有限公司台灣分公司
發　　行　英屬維京群島商高寶國際有限公司台灣分公司
初版日期　2019 年 10 月

國家圖書館出版品預行編目(CIP)資料

i 世代的成績陷阱：高分=美好未來？幫孩子找到責任感、同理心、好奇心、品格力，才是比分數更重要的事 / 丹妮絲.波普(Denise Clark Pope)著；蘇祥慧，蔣慶慧譯 -- 初版. -- 臺北市：高寶國際出版：高寶國際發行, 2019.10

面；　公分. -- (未來趨勢學習；FU 096)

譯自：Doing school : how we are creating a generation of stressed out, materialistic, and miseducated students

ISBN 978-986-361-747-1(平裝)

1.學習心理　2.中等教育

521.1　　108015890

GOBOOKS & SITAK GROUP©